Kossi AMESSINOU

Conception d'un Centre Numérique Communautaire

Kossi AMESSINOU

Conception d'un Centre Numérique Communautaire

La mise en place d'un centre numérique moderne

Éditions universitaires européennes

Mentions légales/ Imprint (applicable pour l'Allemagne seulement/ only for Germany)
Information bibliographique publiée par la Deutsche Nationalbibliothek: La Deutsche Nationalbibliothek inscrit cette publication à la Deutsche Nationalbibliografie; des données bibliographiques détaillées sont disponibles sur internet à l'adresse http://dnb.d-nb.de.
Toutes marques et noms de produits mentionnés dans ce livre demeurent sous la protection des marques, des marques déposées et des brevets, et sont des marques ou des marques déposées de leurs détenteurs respectifs. L'utilisation des marques, noms de produits, noms communs, noms commerciaux, descriptions de produits, etc, même sans qu'ils soient mentionnés de façon particulière dans ce livre ne signifie en aucune façon que ces noms peuvent être utilisés sans restriction à l'égard de la législation pour la protection des marques et des marques déposées et pourraient donc être utilisés par quiconque.

Photo de la couverture: www.ingimage.com

Editeur: Éditions universitaires européennes est une marque déposée de Südwestdeutscher Verlag für Hochschulschriften GmbH & Co. KG
Dudweiler Landstr. 99, 66123 Sarrebruck, Allemagne
Téléphone +49 681 37 20 271-1, Fax +49 681 37 20 271-0
Email: info@editions-ue.com

Produit en Allemagne:
Schaltungsdienst Lange o.H.G., Berlin
Books on Demand GmbH, Norderstedt
Reha GmbH, Saarbrücken
Amazon Distribution GmbH, Leipzig
ISBN: 978-613-1-57664-5

Imprint (only for USA, GB)
Bibliographic information published by the Deutsche Nationalbibliothek: The Deutsche Nationalbibliothek lists this publication in the Deutsche Nationalbibliografie; detailed bibliographic data are available in the Internet at http://dnb.d-nb.de.
Any brand names and product names mentioned in this book are subject to trademark, brand or patent protection and are trademarks or registered trademarks of their respective holders. The use of brand names, product names, common names, trade names, product descriptions etc. even without a particular marking in this works is in no way to be construed to mean that such names may be regarded as unrestricted in respect of trademark and brand protection legislation and could thus be used by anyone.

Cover image: www.ingimage.com

Publisher: Éditions universitaires européennes is an imprint of the publishing house Südwestdeutscher Verlag für Hochschulschriften GmbH & Co. KG
Dudweiler Landstr. 99, 66123 Saarbrücken, Germany
Phone +49 681 37 20 271-1, Fax +49 681 37 20 271-0
Email: info@editions-ue.com

Printed in the U.S.A.
Printed in the U.K. by (see last page)
ISBN: 978-613-1-57664-5

UNIVERSITE PARIS X NANTERRE

Département des Sciences de l'Information et de la Communication
UFR LL Phi

Prénom Nom : Kossi AMESSINOU
Email : amessinou_kossi@yahoo.fr
No étudiant : 26011881
Master 2 CGPNT

<u>MEMOIRE</u>

CONCEPTION D'UN CENTRE NUMERIQUE COMMUNAUTAIRE MULTIFONCTION DANS LES COMMUNES DE NIKKI ET DE BEMBEREKE

Master professionnel mention Sciences de l'Information et de la Communication, spécialité « Conception et Gestion de Projets Numériques Territoriaux » (M2-CGPNT)

Juin 2007

Directeur du mémoire : Claudio DEL DON

REMERCIEMENTS

C'est ici le lieu de rendre grâce à Dieu pour sa miséricorde dans notre vie.

Que nos parents trouvent dans ce travail professionnel, le couronnement de leurs efforts visant à nous combler de bonheur et de joie.

Que Monsieur Michel ARNAUD, Responsable de la présente formation, reçoive toute notre reconnaissance pour son soutien particulier dans la concrétisation de notre projet professionnel.

Que Monsieur Charles BAKYONO, qui nous a mis en contact avec la Coopération Suisse Bénin, accepte notre remerciement.

Nos remerciements vont également à l'endroit :

- du Responsable du Programme d'Appui à la Communication du bureau de la Coopération Suisse-Bénin pour avoir accepté de nous confier cette étude ;
- des Responsables des radios de Nikki et de Bembérékè pour avoir facilité la réalisation de notre mission ;
- de nos enquêtés pour s'être rendus disponibles à nous écouter et à partager leurs attentes avec nous.

Je n'oublie pas ma fiancée Tania GAYE, mon frère Amévi Amessinou SOSSOU, ma sœur Martinin Afiwa SOSSOU pour les sacrifices consentis à mes côtés durant la conduite de ma formation. Qu'ils en soient remerciés.

4

INTRODUCTION

Les Technologies de l'Information et de la Communication (TIC) sont désormais au cœur de la gestion du développement. Elles bouleversent le mode de vie des populations et leur imposent un rythme de conduite dans leur vie quotidienne. Ces populations tendent à être dépendantes de l'innovation technologique dans le monde.

En effet, nous sommes allés de la mécanisation des échanges à la société de la connaissance en passant par la société industrielle et la société de l'information. Dans cette société de la connaissance, c'est l'accès à la toile mondiale qui garanti l'existence individuelle et collective. L'usage de l'Internet, tend à ne plus être un luxe comme par le passé, encore moins l'affaire des riches. Pauvre ou riche, pour l'individu du vingt unième siècle, l'accès à l'information est devenu un droit d'existence. Quand une cible n'a pas de ressources pour accéder à ce droit, elle est soutenue par certaines personnes physiques ou morales au nom de la réduction de la fracture numérique dans le monde.

C'est dans ce cadre que le Programme d'Appui à la Communication (PACOM) du bureau de la Coopération Suisse-Bénin a accompagné les communautés rurales des Communes de Nikki et de Bembéréké en mettant à leur disposition des radios communautaires. Ces radios constituent des sources d'information dans les langues de chacune de ces communautés. Mais à ce jour, lesdites radios ne profitent pas encore des atouts qu'offrent l'Internet haut débit dans l'accès et la diffusion de l'information. C'est pour répondre à ce besoin d'information crédible, disponible en temps réel que le PACOM a initié la conduite d'un projet de conception de centre numérique communautaire multifonction. Ce projet aura également l'avantage de permettre un point d'accès public à Internet et aux autres services TIC au profit des élèves, des enseignants, des chercheurs, des groupements et des associations communautaires. Pour ce faire, nous avons été commis pour conduire une étude de faisabilité qui présente l'état des lieux et propose des approches de solutions aux besoins des communautés de Nikki et de Bembéréké.

Notre travail de recherche s'articule autour des notions de "TIC" et de "centre numérique". Il nous semble important d'en faire un rappel conceptuel avant de présenter le cadre général de l'étude, l'état des lieux, les besoins des communautés, les approches de solutions, le mécanisme d'évaluation et la fiche du projet.

En effet, en règle générale, "les TIC englobent tous les instruments, méthodes et moyens, qu'ils soient anciens ou récents, par lesquels des informations et des données sont transmises ou communiquées d'une personne à une autre ou d'un lieu à un autre. Parmi les TIC, on peut citer le téléphone, la télécopie, la vidéo, la télévision, la radio, la documentation écrite (journaux et livres) et les modes informatisés (courrier électronique, fora de discussion, listes de diffusion, téléconférence, CD-ROM, etc.). Même les premières technologies destinées à véhiculer l'information telles que le tambour devraient en principe figurer sur la liste. Mais, lors de discussions sur les TIC, cette notion renvoie de plus en plus à des formes et modes assistées par ordinateur, et pourtant celles-ci ne sont apparues que récemment. On assiste à la complexité des fonctionnalités de la nouvelle génération de téléphones mobiles qui intègrent des options audio, vidéo et d'impression. Dans une certaine mesure, le concept de centre numérique fonctionne sur la base d'une convergence opérationnelle.

Un centre numérique est une structure intégrée d'information et de communication qui dispose d'une combinaison de TIC, à la fois nouvelles et anciennes (télévision, vidéo, télécopie, téléphone, ordinateurs avec accès à Internet et parfois des livres). Ce type de structure où plusieurs TIC différentes sont installées et utilisées de manière intégrée est considéré comme étant le centre numérique moderne. Il est aussi appelé centre numérique multifonction. Cependant, il existe quelques différences au niveau de la forme, des installations et des services accessibles dans les centres numériques, allant du simple centre numérique avec juste un ou deux téléphones et sans accès à Internet, au centre numérique équipé de plusieurs téléphones, télécopieurs, imprimantes et ordinateurs connectés à Internet. Les centres numériques assurent au public l'accès à l'information et à la communication pour parvenir au développement économique, social et culturel. C'est aussi une passerelle d'accès aux services de télécommunication et d'information dans le but d'atteindre un ensemble d'objectifs liés au développement. La notion d'accès universel, qui est basée sur l'Article 19 de la «Déclaration universelle des droits de l'homme», a favorisé l'extension des services d'information et de communication à tous les individus sans discrimination. Les centres numériques sont considérés comme de puissants instruments dans la lutte pour l'accès à l'information, en particulier en milieu communautaire.

La nomenclature des centres numériques est marquée par des diversités en terme de situation géographique, d'objectifs, etc. Les centres numériques sont également appelés Points d'accès publics, ou encore désignés par de nombreuses autres appellations : télécentre, télékiosque, téléboutique, cabine téléphonique, infocentre, club numérique, centre d'accès multiservice, centre de technologie communautaire (CTC), télécentre communautaire multiservice (TCM), centre d'accès communautaire, centre communautaire multiservice, (CCM), centre communautaire de presse (CPC) ou centre communautaire d'apprentissage (CCA), centre multimédia communautaire (CMC), salle électronique, télévillage ou cybercafé, et la liste continue . . ."[1]

---

[1]Florence ETTA et Sheila PARVYN-WAMAHIU, *TECHNOLOGIES DE L'INFORMATION ET DE LA COMMUNICATION POUR LE DÉVELOPPEMENT EN AFRIQUE : VOLUME 2: L'expérience des télécentres communautaires*, CODESRIA/CRDI 2005, ISBN 1-55250-007-1, 236 p. http://www.idrc.ca/fr/ev-56545-201-1-DO_TOPIC.html

I- CADRE GENERAL DE L'ETUDE

1-1- Contexte de l'étude

Dans le cadre de la mise en œuvre des activités du Programme d'Appui à la Communication (PACOM) et en vue de capitaliser les acquis de l'atelier international sur les télécentres en Afrique, le Bureau de Coopération de l'Ambassade de Suisse au Bénin nous a mandaté en qualité de consultant, pour conduire et mettre en pratique, un projet professionnel intitulé « Conception d'un centre numérique communautaire multifonction dans les Communes de Nikki et de Bembéréké». Cette activité permettra de voir la faisabilité de la mise en place d'un centre offrant des services divers dans le domaine des Technologies de l'Information et de la Communication (TIC) à des communautés pauvres et démunies. C'est une action qui fournira des renseignements aux commanditaires devant décider de la fourniture de services nouveaux pour sortir certains peuples de la pauvreté. La présente étude est une application professionnelle de fin de formation en **Master professionnel mention Sciences de l'Information et de la Communication, spécialité « Conception et Gestion de Projets Numériques Territoriaux » (M2CGPNT)**.

Dans ce contexte, nous avons conduire une mission d'observation, de collecte des besoins des populations cibles, ce qui nous permis de proposer des solutions assorties d'évaluation indicative de coût de réalisation.

1-2- Missions de l'apprenant

Nous nous sommes donnés pour missions de :

- faire une reconnaissance du terrain ;
- répertorier et étudier d'autres exemples de centre numérique communautaire ;
- faire une enquête de terrain pour recueillir les besoins et aspirations des bénéficiaires ;
- faire l'analyse des besoins des bénéficiaires ;
- identifier les fonctionnalités qui répondent aux besoins précédemment listés, regroupés et hiérarchisés ;
- présenter les performances qui faciliteront la satisfaction de tous les besoins retenus ;
- proposer des solutions pour la satisfaction des besoins analysés ;

- donner le coût approximatif de la réalisation du centre ;
- œuvrer à l'atteinte des objectifs de la présente mission ;
- faire convoquer et présider toutes les séances de travail relatives à la présente mission ; et
- rendre régulièrement compte de l'évolution de l'application professionnelle au commanditaire et au directeur du mémoire.

1-3- Problématique de centre numérique dans le nord Bénin

Depuis l'entrée du Bénin dans le mouvement de la décentralisation en 2003, il est apparu un nouvel ordre de développement : celui conduit par les bénéficiaires. Le développement laissé à l'initiative des communautés bénéficiaires vise le bien être collectif et individuel de la population. Les communautés se sont organisées pour prendre leur destiné en main. C'est dans cette dynamique que certaines communautés organisées en groupement, association ou organisation non gouvernementale, sont accompagnées par des partenaires au développement. Certaines de ces communautés ont activement œuvré à la mise en place de radios pour la sauvegarde de leurs modes culturels notamment leurs langues. Ces initiatives ont fait et continuent encore de faire la fierté de ces communautés. Ces radios communautaires ont pour la plupart compris la nécessité de s'ouvrir aux autres cultures, de rechercher des informations diverses à partager à leur auditeurs, leur parler souvent de ce qui se passe ailleurs. Ainsi, elles se sont équipées avec l'aide des partenaires financiers en antennes parabolique et en point d'accès Internet pour certaines. Les animateurs de ces radios ont compris aussi la nécessité d'ouvrir leur source d'information qu'est l'Internet aux autres membres de la communauté qui peuvent en faire usage. Cette initiative d'ouverture des accès Internet à la communauté a surtout marché dans la commune de Banikoara. La radio locale de cette commune qui fait partie des rares centres communautaires à disposer d'un accès Internet ouvert à la communauté, est aujourd'hui admirée par beaucoup.

C'est fort de cette admiration que le Bureau de la Coopération Suisse au Bénin s'est proposé de voir dans quelle mesure une initiative similaire serait expérimentée au profil des radios communautaires et des populations de ces zones de concentrations. Mais comme il s'agit d'une expérimentation, le choix de base a porté sur deux des communes du département du Borgou, zone de concentration par excellence des activités opérationnelles de la Coopération Suisse au Bénin.

En effet, la Coopération Suisse appuie la radio communautaire de la Commune de Nikki et celle de la Commune de Bembéréké par le biais de son Programme d'Appui à la Communication (PACOM). Dans ces mêmes communes, des associations et groupements villageois sont appuyés par les différents programmes spécifiques de la Coopération Suisse. Ces communautés organisées sont suivies techniquement et financièrement en vue de l'amélioration des conditions de vie de la population et d'une lutte efficace contre la pauvreté. Elles ont bénéficié de renforcement de capacité, de sensibilisation et d'éducation au développement communautaire. Elles ont également eu droit à des appuis en matière d'alphabétisation, de soutien sanitaire et financier et plusieurs autres actions. Ces actions ont été pour la plupart médiatisées dans les langues locales par les radios communautaires.

Les émissions radiophoniques de ces deux stations d'information parviennent tant bien que mal à accompagner substantiellement la lutte contre la pauvreté à Nikki et à Bembéréké. Cela constitue la fierté aussi bien des animateurs que des auditeurs de ces stations. Les cellules de gestion de ces radios ne cessent de faire des progrès. Elles envisagent à présent de diversifier leurs activités et services, de couvrir d'autres domaines des technologies de l'information et de la communication notamment, l'Internet et le multimédia. Elles ont l'intention de disposer d'une source d'information multiple en faisant usage de l'outil Internet. Elles veulent aussi mieux servir leurs clientèles en leur offrant une couverture photo vidéo de tous leurs regroupements et de toutes leurs actions. Dans quelles conditions seront conduites ces initiatives ? Avec quels acteurs les faire pour en tirer une efficience et une rentabilité ? Quels outils mobiliser pour avoir un produit fini de très bonne qualité ? Comment conserver efficacement les données pour en faire usage par la suite ? Ce sont autant de questions sur lesquelles les contributions des bénéficiaires sont vivement attendues.

Dans un souci de solidarité et de partage de savoir, elles entendent mettre leur outil Internet à la disposition de la communauté. Pour ce faire, elles se réjouissent de la conduite de la présente étude qui leur permettra sûrement d'être mieux éclairées sur les choix à opérer à court, moyen et long terme.

Notre réflexion s'inspire du postulat qu'aucune société n'a jamais pu émerger en étant privée de l'information nécessaire à son développement. C'est pourquoi, notre étude se donne l'ambition d'aborder les différentes approches nécessaires à la viabilité et à la pérennité d'un centre numérique ayant missions de service public en zone rurale telle que Nikki et Bembéréké.

Aussi est-il opportun de rappeler que l'ignorance est la première cause de pauvreté en Afrique notamment au Bénin. Il faut aider les jeunes en leur offrant des outils qui au-delà du loisir procurent des savoirs dans la curiosité. Les filles sont les premières victimes des effets du nivellement scolaire par le bas. Elles sont bien pressées d'arrêter l'école pour se trouver un travail et un mari, surtout quand les conditions de vie et d'étude sont des plus pénibles. La situation est beaucoup plus alarmante quand le nombre de filles déscolarisées ou ayant abandonné l'école est important. Le progrès de la génération future est ainsi compromis car la vulnérabilité de la couche féminine à l'éducation, la formation et l'apprentissage a un impact néfaste sur le développement communautaire. C'est pourquoi, nous devons nous réarmer pour chercher l'équilibre entre l'homme et la femme pour que l'égalité dans la considération et l'éducation des deux sexes devienne une réalité et un pouvoir du genre humain. Il faut bannir l'ignorance par l'accès à l'information de qualité au bon moment.

A la lumière de ce qui précède, l'objectif indirect de la « Conception d'un centre numérique communautaire multifonction dans les communes de Nikki et de Bembéréké » est de lutter contre la pauvreté. Il faut faire ombrage à l'avancée de la pauvreté humiliante dans les communautés organisées. Il faudra éviter de répéter les erreurs du passé ; partager le savoir et l'information afin que ce qui a été possible dans une communauté, le soit également dans une autre. Il n'est plus question que malgré les atouts que constituent les TIC, l'on constate une duplication de mauvaises pratiques d'une communauté à l'autre. Il faut surtout sensibiliser les groupements à la sauvegarde des ressources nécessaires à l'émergence de leur progéniture. Consommer aujourd'hui sans compromettre la survie des générations futures. Cataloguer nos bonnes actions pour le bien de notre descendance.

1-4- Méthodologie de conduite de l'application professionnelle

Suite à l'avis favorable du Responsable du PACOM nous confiant la réalisation de la présente étude, il nous a semblé impératif de faire une mission de reconnaissance du cadre d'étude et de collecte de données. Cet exercice a nécessité la conduite d'une enquête pertinente sur le terrain. Les données qui y sont recueillies, ont été compilées et analysées. L'analyse a permis d'avoir une synthèse des besoins des acteurs auxquels des approches de solutions ont été proposées. Un rapport partiel de mission a été soumis à l'appréciation desdits acteurs de terrain dans chacune des deux Communes. Les observations faites par ces derniers ont permis de consolider un rapport provisoire de mission qui a été envoyé à notre directeur de mémoire et au responsable de la formation pour observations. Les contributions de ces experts ont été prises en compte avant la transmission du rapport provisoire au commanditaire de l'étude. Le commanditaire a de son coté, soumis notre rapport à l'appréciation de ses collaborateurs. Les observations faites par ces derniers ont suscité une séance de travail entre un représentant de l'équipe du PACOM et nous. Un consensus a été alors fait sur les observations à prendre en compte dans le rapport final de mission. Ce rapport final, imprimé et relié en deux exemplaires, a été transmis au Secrétariat du PACOM. Ledit rapport a été envoyé au Bureau Local de la Coopération Suisse pour accord de financement global du projet, afin de déclencher le processus de mise en œuvre effective du projet suivant le chronogramme prévisionnel indiqué plus bas.

1-5- Méthodologie de conduite de la mission

La mission a été exécutée dans trois (3) localités à savoir, Banikoara, Bembéréké et Nikki. Dans chacune de ces localités, nous avons pris contact et recueilli des informations auprès des cibles identifiées dans le cadre de la mission. A Banikoara, nous étions en mission d'observation. Nous avons visité le centre multimédia communautaire de la Commune de Banikoara qui est une initiative conduite par les communautés dans le Nord Bénin. Dans cette localité, des entretiens ont eu lieu avec les responsables du centre multimédia communautaire placé sous la tutelle du Conseil d'Administration de la Radio locale de la Commune d'une part et avec le comptable dudit Conseil d'Administration d'autre part. Nous avons eu la chance de visiter toutes les installations du Centre Multimédia Communautaire, depuis les différentes sources énergétiques jusqu'au parc informatique en passant par les différentes salle de services connexes au cybercentre.

Ensuite, l'équipe de mission a mis le cap sur les deux Communes objets de notre mission. Dans chacune d'elles, nous avons eu une séance de travail avec le Président du Conseil d'Administration de la radio, l'équipe de gestion et d'animation de la radio, les membres des groupements et associations intervenant dans le développement de la commune, une communauté d'élèves et une communauté d'enseignants. Tous nos efforts de travail avec les responsables des autres programmes de la Coopération Suisse ont été vains parce que chacune de ces entités programmes étaient en mission dans d'autres localités. Ceux que nous avons vus, ont activement contribué à la réussite de notre mission. Ils nous ont fournis les informations relatives à leurs besoins et aspirations en matière de choix de technologie pouvant améliorer leurs conditions d'existence.

En effet, dans la commune de Bembérékè, l'équipe de mission a eu des entretiens avec les dirigeants de la radio communautaire. Elle a aussi administré des questionnaires aux personnels de la radio, aux élèves et aux enseignants du CEG et aux responsables des groupements et associations. Chaque cible a été représentée par une dizaine de personnes. L'équipe de mission a été épaulée par deux (2) membres du personnel de la radio pour l'administration des questionnaires. Nous avons rencontré le Président du Conseil d'Administration de la Radio en son domicile pour lui présenter la mission et prendre en compte son point de vue sur le projet. La synthèse des résultats a été présentée au personnel de la radio communautaire pour avis et réaction en vue d'une amélioration des indicateurs au besoin. Ce personnel a été également soumis à un exercice de planification des prochaines activités et tâches ainsi que des délais devant concourir à la réalisation effective du projet.

Dans la commune de Nikki, nous avons eu une séance de préparation de la collecte des données de terrain avec le staff de la radio communautaire. A cette occasion, l'esprit de rédaction du questionnaire et sa spécificité ont été présentés à l'auditoire. Le responsable au programme de la radio s'est proposé d'aider l'équipe de mission à faire la collecte de données auprès des acteurs. Puis, certains agents de la radio ont été identifiés pour faire l'administration du questionnaire à chaque cible préalablement définis par l'équipe de mission. Les questionnaires renseignés ont été centralisés. Nous avons visité les structures susceptibles d'être intéressés par le projet, en priorité les structures ayant actuellement accès à Internet bas débit dans la commune de Nikki. Nous avons eu un entretien très fructueux avec le Président du Conseil d'Administration de la Radio dans sa plantation. Nous avons ensuite dépouillé les questionnaires et rédigé notre rapport provisoire spécifique à la commune de Nikki. Le débriefing des résultats de ce rapport a été fait au Directeur de la radio. A cette séance, les observations et suggestions du Directeur ont été prises en compte pour rendre l'étude fidèle à la spécificité du milieu. Le Directeur a été aussi invité à faire avec nous la planification opérationnelle de la suite du processus devant aboutir à la mise à disposition du centre numérique. C'est ainsi qu'il a été révélé qu'un projet de construction de bâtiment devant abriter le centre numérique a été soumis au bureau de la Coopération Suisse au Bénin pour financement. Nous avons ensuite rassuré le Directeur et son staff de la prise en compte effective de leurs besoins et aspirations spécifiques dans le rapport général de notre mission. Cette mission n'a pas été conduite sans difficulté. L'une d'elle mérite d'être mise en exergue.

1-6- Difficultés rencontrées au cours de la mission

Globalement, la mission a été conduite dans de bonnes conditions. C'est seulement les conditions de déplacement et surtout l'état de dégradation des routes empruntées qui est à déplorer. Il y a eu des risques d'infection parce que les membres de l'équipe de mission n'avaient pas pris les dispositions idoines en matière de vaccination avant le voyage. L'équipe ne pouvait non plus faire des voyages nuitamment à cause des situations de braquage qui étaient devenues fréquentes dans la zone de travail. De plus, l'équipe de mission n'avait pas une autonomie de déplacement, elle dépendait en tout de la disponibilité des véhicules de transport en commun.

II- RESULTATS DE L'ETAT DES LIEUX

2-1- Présentation du milieu d'étude

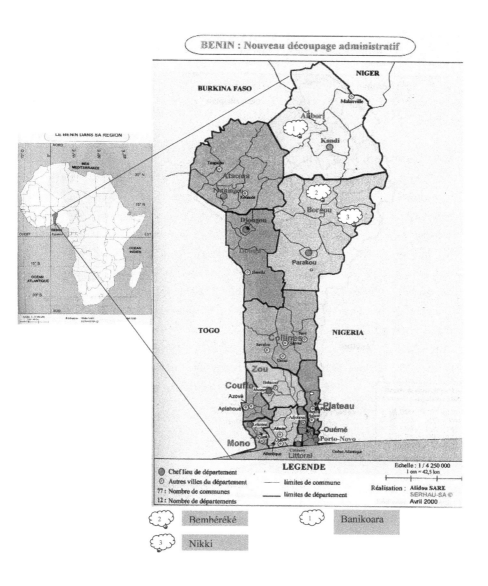

2-1-1- Commune de Banikoara

La commune de Banikoara est située dans le département de l'Alibori. Elle est limitée au sud par la commune de Gogounou, au sud ouest et à l'ouest par le département de l'Atacora, au nord par la commune de Karimama, au nord ouest par le Burkina-Faso et à l'est par la commune de Kandi. Elle est située à 11,29° de latitude Nord et 2,44° de longitude Est. Au recensement général de la population et de l'habitation de 2002, elle a enregistré une population totale de 152.028 habitants dont 104.815 personnes dans les ménages agricoles. Elle compte 92 écoles primaires, 6 collèges de premier cycle, 2 collèges de second cycle, 6 maternités, 7 centres de santé, 5 dispensaires.

2-1-2- Commune de Bembérékè

La commune de Bembéréké est située dans le département du Borgou. Elle est limitée au sud par la commune de N'dali, au nord par le département de l'Alibori, à ouest par la commune de Sinendé et à l'est par les communes de Nikki et de Kalalé. Elle est située à plus de 200 km du chef lieu du département (Parakou). Au recensement général de la population et de l'habitation de 2002, elle a enregistré une population totale de 94.580 habitants dont 77.354 personnes dans les ménages agricoles. Elle compte 53 écoles primaires, 2 collèges de premier cycle, 2 collèges de second cycle, 3 maternités, 4 centres de santé, 3 dispensaires. Elle constitue le siège de la zone sanitaire N'dali, Sinendé et Bembérékè. La commune de Bembérékè a au jour de notre enquête, un grand centre d'enseignement général ayant un second cycle, un lycée militaire de renommée régionale, un centre de santé de référence, plusieurs centres de santé de premiers soins, plusieurs structures formelles d'associations et groupements et plusieurs petites entreprises viables.

2-1-3- Commune de Nikki

La commune de Nikki est située dans le département du Borgou. Elle est limitée au sud par la commune de Pèrèrè, au nord par la commune de Kalalé, à ouest par les communes de N'dali et de Bembérékè et à l'est par le Nigeria. La commune de Nikki est à 120 km du chef lieu de département (Parakou) et à 20 km du Nigéria. Au recensement général de la population et de l'habitation de 2002, elle a enregistré une population totale de 99.251 habitants dont 75.498 personnes dans les ménages agricoles. Elle compte 60 écoles primaires, 2 collèges de premier cycle, 1 collèges de second cycle, 4 maternités, 7 centres de santé, 5 dispensaires. Elle est le noyau de la zone sanitaire Kalalé, Nikki et Pèrèrè. Il y a une communauté cosmopolite de nationalités diverses. Au moment de notre enquête, la commune abrite des unités témoins et les projets opérationnels de la coopération suisse au Bénin. Il y a de grands centres comme un (1) hôpital de zone de référence (kalalé, Pérérè, Nikki), une (1) centre de santé communale, plusieurs centres de santé de premier soins, trois (3) grands collèges d'enseignement général ayant un second cycle, une (1) usine d'égrenage, plusieurs unités de projets divers, plusieurs groupements et associations.

2-2- Constats faits

2-2-1- Cas expérimental de Banikoara

Le centre multimédia communautaire est une initiative communautaire née de constats de besoins réels criards. Un centre privé faisait la surenchère au vrai sens du mot. Il profitait de l'enclavement du centre urbain de la commune et, au niveau de l'or blanc béninois, les transactions nécessitaient de plus en plus d'accès aux produits technologiques. Le Conseil d'Administration de la Radio locale de Banikoara, s'est saisi des plaintes de la communauté et a décidé de la diversification de ses domaines d'activité tout en gardant son caractère d'entité sociale à but non lucratif. C'est aussi pour le conseil d'administration de la radio, une multiplication de leurs sources de revenues. Il a été particulièrement constaté que les agents de la Coopération Allemande (GTZ) faisaient plusieurs dizaines de kilomètres pour faire de photocopies à grands frais. Les négociations ont alors étaient menées avec les responsables de cette structure qui a gracieusement accepté d'accompagner la radio dans son initiative de diversification d'activités. Ils ont alors aidé la radio à acquérir trois appareils photocopieurs pour faire des photocopies à coûts réduits pour l'ensemble de la communauté. Ainsi, une salle a été aménagée pour accueillir les appareils et un personnel de deux individus a été recruté pour servir la communauté pour le compte du conseil d'administration de la radio. Cette activité a été couronnée de succès au grand bonheur de tous. Le coût d'une page de photocopie est passé de 100Fcfa à 25Fcfa dès la naissance du centre de photocopie. Cette activité a commencé depuis 1999 avec l'appui de la GTZ au Bénin. Le succès des activités de photocopies a ouvert la voie à de grandes négociations. Le conseil d'administration a ensuite identifié un besoin de connaissance en micro informatique dans la communauté. Il a alors décidé d'y faire face. Pour y parvenir, une autre salle a été choisie pour abriter des séances de formation en informatique. En la matière, la radio a beaucoup gagné de la présence d'un volontaire de la paix qui était en mission dans la commune. Ce dernier a été durant longtemps, le responsable et formateur de la communauté en micro informatique. Il a ensuite formé des formateurs pour assurer une relève de qualité aux différentes activités du centre de formation et de photocopie. A ce jour, les traces de ses œuvres sont encore pendantes au sein de la communauté. L'actuel responsable de la salle de formation est un produit dudit volontaire américain du corps de la paix.

La somme de ces initiatives réussies a fait l'admiration de beaucoup de personnes et structures. La Haute Autorité de l'Audio visuel et de la Communication (HAAC) a particulièrement honoré le centre de la radio de Banikoara de plusieurs ordinateurs de table. A partir de ce moment, d'autres idées ont été de nouveau examinées au sein du conseil d'administration de la radio. Il a été question de faire un bon usage du parc informatique du centre de la radio pour créer un cyber communautaire. L'idée a été approuvée à l'unanimité du conseil d'administration qui a alors soumis un projet de mise en place de cyber à l'UNESCO. Cette institution du système des Nations Unies ne sait pas fait prier plus d'une fois avant de réagir favorablement. Ce projet répond à l'accès à l'instruction par les TIC et à la valorisation des cultures des peuples. Cette commune à l'avantage aussi d'abriter le parc zoologique W déclaré patrimoine mondial. En 2004, l'UNESCO a sollicité un accès Internet haut débit en VSAT au profit de la radio locale de Banikoara auprès de la société Borgou Net. Le coût de l'achat des équipements a été entièrement assuré par l'UNESCO. Les frais d'installation des équipements ont été supportés par le conseil d'administration de la radio. De plus, le coût récurrent d'exploitation de la connexion qui est fixé à 900.000Fcfa l'an est à la charge de l'UNESCO durant les deux prières années d'utilisation du produit. L'appui de l'UNESCO n'a pas empêché le soutien budgétaire de la GTZ dans le cadre de cette activité de cyber. L'équipement mis à la disposition du centre de la radio qui a été dénommé « centre multimédia communautaire », lui a permis d'envisager le partage de sa connexion haut débit. Le conseil d'administration de la radio a pris les contacts nécessaires avec les structures administratives et organisationnelles implantées dans la commune. Quatre de ces structures ont décidé de signer un contrat de fourniture d'accès Internet avec le conseil d'administration de la radio. Ce service est déjà en cours avec les structures telles que : la marie, l'Union Communale des Producteurs de Coton, le Centre National de Gestion des Ressources Forestières (CENAGREF) et le Projet Mistowa-IFDC. Les ressources générées par les services de fourniture d'accès Internet permettent de faire face à l'entièreté des charges récurrentes de la gestion du centre. Au-delà de ce service, le centre multimédia communautaire est organisé en trois sessions. Il y a la section photocopie, la section formation et la section cyber. Chacune de ces sections a un responsable qui est recruté et déclaré à la Caisse Nationale de Sécurité Sociale. Chaque section rend compte de ses activités et recettes au comptable du conseil d'administration de la radio locale. Les responsables de section sont placés sous l'autorité du chef du centre multimédia communautaire. Ces agents ont tous un statut permanent dans la Radio locale sous l'autorité du conseil d'administration.

La salle de photocopie est équipée de trois (3) photocopieurs, deux (2) agrafeuses géantes et un (1) appareil de reliure. La photocopie coûte 25Fcfa la page. La reliure est facturée en fonction du volume du document à relier. Le coût varie de 500Fcfa à 2000Fcfa. L'agrafe n'est pas facturée aux clients.

La salle de formation est équipée de deux (2) tableaux noirs de format 2m x 1,25m et de deux (2) ordinateurs de table. Le coût de la formation est de 30.000Fcfa pour une durée de quatre (4) à cinq (5) mois. La formation prend en compte l'initiation à Internet, les logiciels Word, Excel et PowerPoint.

La salle de cyber est équipée de un (1) modem, un (1) switch, un (1) régulateur de grande capacité, un (1) serveur, dix (10) ordinateurs de table, une (1) imprimante multifonction faisant aussi les photocopies, les scans et les fax, deux (2) autres imprimantes dont une en couleur, un (1) graveur externe, un (1) casque et un (1) appareil photo numérique. Les ordinateurs du centre multimédia communautaire (CMC) sont vétustes et méritent d'être renouvelés. Une version piratée du logiciel antivirus dénommé « Norton Antivirus » est installée sur les micro-ordinateurs dudit centre multimédia. Les équipements sont tous branchés au switch de 24 ports directement desservis par le modem. Il convient de rappeler que le modem est raccordé à une antenne externe VSAT de 1,2m de diamètre grâce à deux câbles LMR d'une longueur de 14m chacun. Le coût de navigation est de 500Fcfa l'heure. L'impression simple est de 100Fcfa la page. Les photos d'identité et bijou se font à 1.000Fcfa pour cinq (5) images photo. Le coût de la photo ordinaire varie de 500Fcfa à 2.000Fcfa selon le format sollicité. Des logiciels propriétaires sont installés sur l'ensemble des ordinateurs du centre. Malheureusement, ces logiciels ne sont pas acquis par le centre et il n'y a pas eu d'acquisition de licence d'exploitation desdits logiciels. Le comble, c'est l'usage d'antivirus propriétaire sans licence d'exploitation.

Le centre multimédia communautaire est relié à l'énergie électrique de la Société Béninoise d'Energie Electrique (SBEE) qui n'est disponible généralement que de 15h00 (soir) à 7h00 (matin). Pour avoir une autonomie énergétique, le Conseil d'Administration s'est doté d'une source d'énergie solaire pour maintenir connectés certains équipements de la radio et du centre multimédia communautaire. Il s'est aussi doté d'une tête de moulin pour avoir un complément énergétique mais cette solution engendre d'autres difficultés de gestion. En effet, le gasoil nécessaire pour faire tourner le moulin à plein temps n'est pas supportable par les faibles ressources du centre multimédia communautaire et de la radio locale. L'énergie est surtout indispensable pour le centre multimédia communautaire qui doit fournir de l'accès Internet à ses clients distants.

Le centre multimédia communautaire a été victime d'une surtension qui a endommagé certains équipements et ralenti le fonctionnement du centre durant près d'une année. Cette situation a fait perdre la clientèle au profit d'un nouveau cyber installé au centre ville de la commune. Ce centre dispose d'un accès Internet assuré par Bénin Télécom sa. Actuellement, le centre multimédia communautaire tente difficilement à refaire son chiffre d'affaire habituel.

En somme, le centre multimédia communautaire de Banikoara est une initiative réussie surtout par le fait qu'elle est devenue fournisseur d'accès Internet. C'est ce service qui permet au Conseil d'Administration de se féliciter de son initiative, autrement, les autres services du centre multimédia communautaire ne sont pas économiquement rentables. Le centre multimédia communautaire est parvenu à un équilibre budgétaire grâce aux ressources générées par son service de fourniture d'accès Internet Wifi à des clients distants.

2-2-2- Etat de la Commune de Bembéréké en matière de communication

La commune de Bembéréké dispose d'une radio communautaire. Elle est couverte en matière de télécommunication par un opérateur de téléphonie fixe et un opérateur de téléphonie mobile. Quelques rares initiatives privées existent en matière de services TIC. Ces structures privées offrent à coût onéreux, des services de photocopie, de saisie et d'impression de texte. Il y a un centre de vidéo club pour l'accès des jeunes aux films vidéo et à des matchs diffusés par le canal satellite TV5. Plusieurs familles ont connecté leur poste téléviseur à une antenne parabolique pour accéder aux informations autres que celles fournies par la télévision nationale. La radio communautaire est l'une des rares structures a disposer d'une connexion Internet fournie par l'opérateur de téléphonie fixe, la société d'Etat, Bénin Télécom sa. Cette connexion Internet est de type RTC, très bas débit. A ce jour, Bénin Télécom sa a des difficultés à fournir une connexion haut débit à la radio communautaire. Les services de télécopie n'existent pas dans la commune encore moins un accès public à Internet à défaut d'un point accès Internet par foyer. Les formalités relatives à la connexion à Internet sont gérées depuis le chef lieu de département. La gestion des situations de coupures ou de pannes est très pénible pour les clients.

La radio communautaire de Bembéréké est située au cœur de la ville et à deux pas de la route inter-Etat Bénin Niger. Elle est animée par une équipe d'agents de niveau secondaire placé sous la responsabilité d'un cadre de niveau supérieur. Ils font une quinzaine de personnes, globalement initiés à la micro informatique. Ce niveau d'initiation mérite d'être renforcé pour la plus part des agents. Ils ont tous de la compétence en journalisme communautaire et certains entament déjà des spécialisations. Nous avons noté l'existence de compétences en animation, en reportage, en montage et traitement de son, en navigation Internet, en production d'émission, en réalisation d'émission, en photographie et en formation en informatique. Ce sont des expertises de niveau 1 qu'il est utile voire nécessaire, de solidifier et de confirmer au grand bonheur de la radio.

La radio a deux antennes paraboliques pour l'accès aux informations audiovisuelles. Elle est équipée de matériels techniques radiophoniques. Elle dispose également d'un parc informatique de onze (11) équipements. Nous avons enregistré la présence de six (6) ordinateurs de table, un (1) ordinateur portable, une (1) imprimante simple, une imprimante multifonction (fax, scan et print) et deux (2) régulateurs. Ce parc informatique est désuet. Tous les ordinateurs ont accès à Internet sauf un seul qui n'est pas branché au réseau local. La connexion Internet est possible grâce une bande passante fournissant au poste serveur, un débit de 45 kbit/s. La connexion est partagée aux postes clients par le biais d'un Switch Ethernet de 8 ports. Le réseau local est étoilé. Aucun des ordinateurs de la radio n'est équipé de logiciels et applicatifs avec licence d'exploitation. Tous les logiciels et applicatifs utilisés sont de la famille des logiciels propriétaires nécessitant de ce fait l'achat d'une licence d'exploitation avant leurs usages. Même les antivirus propriétaires sont utilisés sans licence d'autorisation.

Le centre numérique est prévu pour être installé sur le site de la radio communautaire. Ce centre est au coeur d'un espace de deux cents mètres (200m) de rayon comportant : un établissement d'enseignement général, une mairie, un lycée militaire et trois bureaux d'associations.

2-2-3- Etat de la Commune de Nikki en matière de communication

Il y a à Nikki, de petites entreprises qui fournissent des services TIC mais à grands frais. Sans commune mesure avec le pouvoir d'achat de la communauté. Plusieurs structures sont connectées au réseau Internet bas débit de Bénin Télécom sa. Elles se contentent de subir la situation parce qu'elles n'ont pas d'autres choix. La communauté subit souvent l'influence du développement technologique du Nigéria. Il y a aussi à Nikki, un cybercafé privé ayant une connexion Internet RTC de faible débit. Le coût de navigation dans ce cybercafé est de 700Fcfa l'heure pour une connexion très lente. De plus l'accès n'est autorisé à Internet dans ce cybercafé que lorsqu'un quorum de clients nécessaires est atteint. Tous les opérateurs de téléphonie mobile du Bénin couvrent cette zone frontalière du Bénin. Il nous a été rapporté que certains centres de réseaux de téléphonie mobile font environ un chiffre d'affaire annuel de 2.000.000Fcfa de vente de carte de recharge. C'est sûrement dû à l'influence des activités économique avec le Nigéria.

Il y a aussi à Nikki, une radio communautaire au service du développement local. Pour les acteurs de la radio, le projet de centre numérique répond à une demande sociale accrue en matière d'Internet pour l'accès au savoir et la lutte contre la pauvreté. Il permettra une mise à disposition de service à coût réduit. Le projet répond à une justice sociale. C'est une opportunité pour les communes de Nikki, de Kalalé et de Pérèrè. Ces communes sont privées de toutes les possibilités qu'offrent l'Internet et les services connexes d'un centre multimédia. Nikki est le portail de intercommunalité des trois communes sus-citées. Les élèves de ces trois communes prennent part à leurs examens de fin de formation dans la commune de Nikki. Ils sont évalués avec les mêmes épreuves que les autres élèves des grandes villes du Bénin qui disposent de l'accès Internet à foison.

La radio communautaire est animée par une équipe d'une vingtaine de personne. Le personnel est globalement de niveau secondaire et placé sous la responsabilité d'un cadre supérieur, expert du domaine. Le personnel est alphabétisé en langue parce que 80% des émissions et services de la radio sont fournis en langues locales. Le personnel est en quête d'une maîtrise de l'outil ordinateur et de l'Internet. Néanmoins, il y a au sein du personnel, quelques compétences en formation en informatique, en photographie amateur, en traitement de son, en navigation et en recherche sur Internet.

Une parabole installée sur le toit de la radio, permet l'accès aux informations radiophoniques émissent par des chaînes radios internationales. Cette antenne parabolique est reliée à un décodeur pour la capture d'information audio. La radio communautaire n'a pas de poste téléviseur. Son équipement radiophonique est globalement analogique.

Le parc informatique de la radio est presque inexistant. Il est composé de : deux (2) ordinateurs de table, deux (2) imprimantes, deux (2) onduleurs et un (1) régulateur. Un seul ordinateur de la radio est souvent connecté à Internet bas débit grâce à un modem externe « nortek » connecté à la fiche RJ11 de la prise téléphonique. La situation des logiciels et applicatifs utilisés par les ordinateurs de la radio est identique à celle observée à Bembérékè. Les équipements sont généralement achetés sans l'appui conseil d'un expert des TIC. Les logiciels propriétaires sont utilisés en violation des règles du marché des logiciels sous brevet. Ces risques ont des conséquences sur la sécurité du système informatique de la radio. C'est une des sources d'infections virales. Nous n'avons retrouvé aucun service de télécopie dans la commune de Nikki. Les responsables de structures sont contraints de commander leur photocopie au chef lieu du département pour des questions d'économie et de qualité de service.

Un espace est prévu pour abriter le centre numérique sur le site de la radio communautaire. Cet espace est situé dans une aire de rayonnement maximal de cent mètres (100m) comportant : un collège d'enseignement général, une mairie, un centre hospitalier, un service déconcentré de l'Etat et un bureau d'associations.

2-3- Vue panoramique des espaces d'accueil du projet

2-3-1- Vue panoramique du projet à Bembérékè

Forces	Faiblesse	Opportunités	Menaces
Existence d'une autonomie énergétique avec des sources d'énergie diversifiées. Personnel initié à la micro informatique et à l'usage d'Internet. Personnel initié aux techniques de reportage. Existence de compétence en photographie et traitement d'image. Existence de bonne pratique en matière gestion de bien communautaire. Existence d'un engouement du conseil d'administration de la radio pour le projet Existence d'une autonomie financière au niveau de la radio. Le bon positionnement géographique du site de la radio.	Faible niveau de formation scolaire du personnel. Inexistence de compétences confirmées dans le domaine des TIC.	Existence d'un terrain pour la construction de l'édifice du projet. Adhésion et soutien de la Coopération Suisse au projet.	Inexistence d'un édifice pour abriter le projet. Eventualité de l'extension des services de l'unique opérateur GSM vers la fourniture d'accès à Internet.

2-3-2- Vue panoramique du projet à Nikki

Forces	Faiblesse	Opportunités	Menaces
L'absence de services TIC de qualité au profit de la communauté. Le centre est rattaché à la radio qui est un outil de publicité. La bonne relation de travail et de partenariat qui existe entre la radio et les états voisins du Nigeria Nikki est un carrefour de trois communes et site très proches du Nigeria.	Faible niveau de formation du personnel dans le domaine d'où recours à des compétences extérieures.	Les services TIC existant au profit de la communauté sont très chers et dépassent le pouvoir d'achat des populations. L'existence de structures administratives et productives ayant un fort besoin d'Internet. La communauté est disposée à faire face aux charges contre parties liées à la construction et l'équipement du centre numérique.	Inexistence d'un édifice pour abriter le centre numérique.

III- BESOINS ET APPROCHES DE SOLUTIONS

3-1- Besoins et aspirations des communautés

3-1-1- Besoins et aspirations des communautés à Bembérékè

Nous avons conduit notre enquête auprès des cibles telles que les élèves, les enseignants, les animateurs des groupements et associations divers et le personnel de la radio communautaire. Quarante (40) questionnaires ont été administrés dans la Commune, soit dix (10) questionnaires par cibles.

Au terme de notre collecte et après le dépouillement des questionnaires, les constats suivants ont été faits :

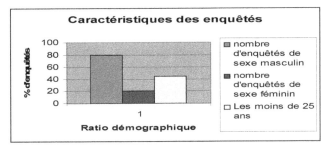

Ce graphe fait état de ce que la plupart des enquêtés dans le cadre de cette étude à Bembérékè sont de sexe masculin et ils sont âgés de moins de 25 ans.

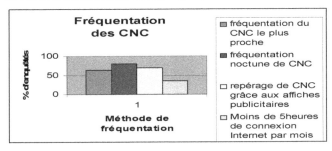

La majorité des enquêtés a été informée de l'existence d'un CNC plus proche de chez eux grâce à des affriche publicitaires. Ces derniers fréquentent nuitamment lesdits CNC.

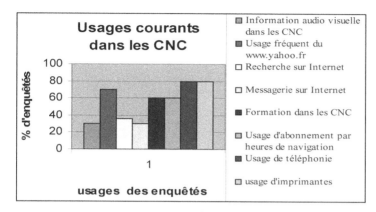

Les usages TIC les plus courants des communautés sont : la formation en TIC, l'accès à Internet sur abonnement, la facilité de téléphoner et l'impression de documents.

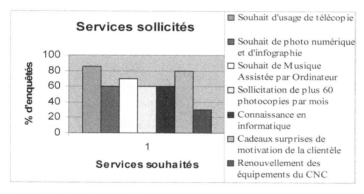

Les services les plus sollicités par les communautés de Bembéréké sont : la télécopie, la photographie, l'infographie, la musique, la photocopie et la formation en informatique. En sollicitant massivement ces services, les populations souhaitent obtenir de la part des gestionnaires de CNC, des cadeaux en reconnaissance de leur fidélité.

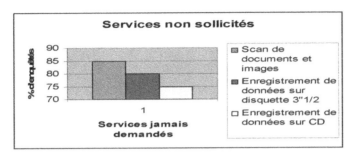

A ce jour, il est presque impossible d'espérer que les communautés sollicitent des services d'enregistrement de données sur des supports physiques. Il ne faudrait pas non plus envisager à leur endroit, des services de Scan.

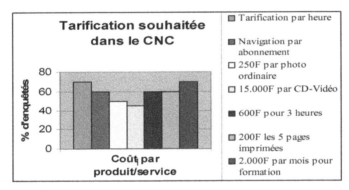

La tarification des produits en milieu rural doit tenir compte de la stratégie nationale de réduction de la pauvreté. La tarification ainsi souhaitée par la population reflète bien leur pouvoir d'achat. Elle s'inspire aussi des prix appliqués dans d'autres villes du pays notamment à Abomey-Calavi, la deuxième ville du Bénin en matière de population.

3-1-2- Besoins et aspirations des communautés à Nikki

A l'image de Bembérékè, nous avons conduit notre enquête auprès des élèves, des enseignants, des animateurs des groupements et associations divers et du personnel de la radio communautaire. Chacune des quatre (4) cibles du projet a été représentée par dix (10) d'individus, soit un total de quarante (40) questionnaires pour la Commune.

Au terme de notre collecte et après le dépouillement des questionnaires administrés aux différents acteurs, les constats faits sont les suivants :

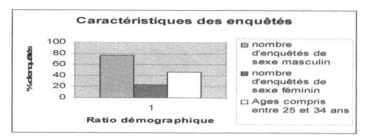

La majorité des enquêtés est de sexe masculin. Ils sont globalement âgés de 25 à 34 ans.

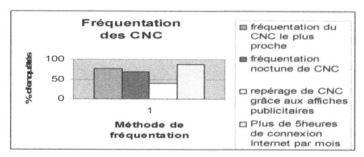

Un grand nombre d'enquêtés est informé de l'existence d'un CNC dans l'environ de leur cadre de vie grâce à des affiches publicitaires. Ils fréquentent les CNC la nuit.

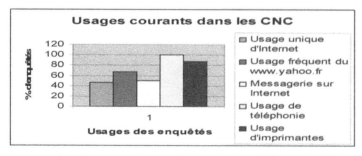

Les usages les plus courants des populations dans les CNC sont : la téléphonie et l'impression de données.

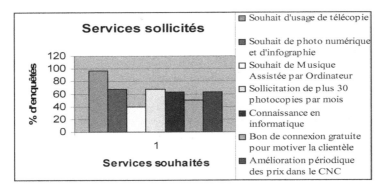

Les services les plus sollicités par les populations de Nikki sont : la télécopie, la photographie, l'infographie, la photocopie et la formation en informatique. Ces derniers souhaitent obtenir des bons de connexion gratuite comme prime de fidélité. Par ailleurs, une révision périodique des prix des offres de services motiverait d'avantage la clientèle dans les CNC.

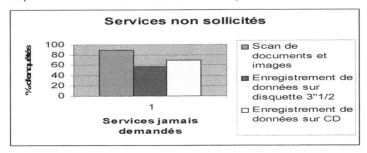

Les populations n'ont pas encore la culture de la conservation des données sur des supports physiques. Ils ne sollicitent guère des reproductions numériques par des scanners.

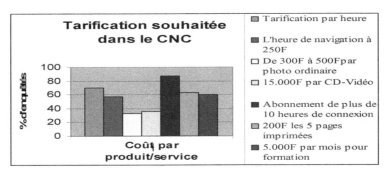

La tarification par unité de temps est souhaitée dans le cadre de la facturation des navigations

Internet. Les populations de Nikki sont également favorables à des options de contrats d'abonnement de fidélité.

3-2- Analyse des besoins des communautés

A la lecture des résultats d'enquête, nous constatons qu'il y a des expressions de souhaits non réalistes. Il y a aussi des informations qu'il n'est pas nécessaire de comptabiliser comme des besoins.

En effet, nous nous sommes rendus compte de ce qui suit :

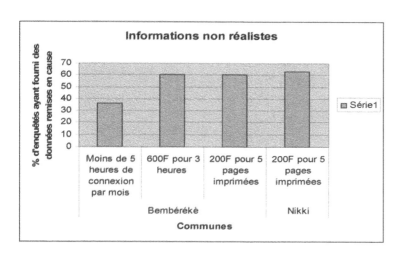

A notre avis, répondre favorablement à cette sollicitation ne permettrait pas à la nouvelle structure à mettre en place de fournir un service de qualité à une grande majorité de sa cible. La pérennité de ses actions sera compromise. Il nous semble que la meilleure façon d'éviter des ennuis de trésorerie, c'est de fixer les coûts par unités de temps ou de produits. Par exemple, l'heure de connexion à 250Fcfa. L'impression d'une page de format A4 à 50 Fcfa. Ces montants sont les plus bas niveaux de prix pratiqués au plan national dans le domaine des technologies de l'information et de la communication (TIC).

Certains constats faits, peuvent être centralisés pour améliorer l'image et l'organisation du centre à mettre en place. Il s'agit des constats ci-après :

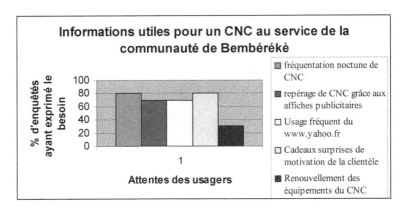

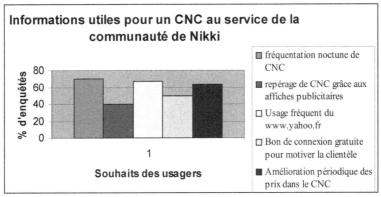

A la lumière de tout ce qui précède, il semble exister une similitude dans les aspirations des populations des communes de Bembéréké et de Nikki. Nous sommes parvenus à identifier certains besoins de la communauté. Ces derniers souhaitent avoir un lieu où ils pourront avoir des services de :

- photocopie
- reliure
- impression
- photographie numérique
- reportage vidéo

- actualité
- Internet
- formation en Informatique
- saisie et traitement de texte
- téléphonie fixe
- fax

Il y a en outre d'outre un besoin important non exprimé par la population. Il s'agit de son besoin d'information en temps réel et la nécessité pour elle, de pourvoir disposer d'une information précédemment véhiculée sur les ondes de la radio.

Est-ce que tous ces besoins sont réalisables maintenant ? Dans quel ordre de priorité faut-il envisager la mise en place des solutions ?

Deux méthodologies s'offrent aux commanditaires de l'étude, à savoir :
- commencer par mettre en place les produits qui coûtent moins en terme de charge, ou
- mettre en place les produits suivants les priorités de sa cible primordiale.

Dans le premier cas, l'on commencerait par mettre à disposition une salle télévisuelle connectée aux équipements paraboliques de la radio. Ensuite, il pourrait être envisagé de dégager un ordinateur et une imprimante multifonction du parc informatique au profit des activités de saisie, traitement de texte, impression et fax. C'est plus tard que l'on réunirait les ressources pour conduire les aspects de mise à disposition d'ordinateurs, de connexion Internet haut débit et autres services connexes du centre numérique. Les acteurs identifiés pour conduire le projet, seront formés, aussi bien à l'usage des outils et équipements qu'à la gestion financière des activités communautaires.

Dans le second cas, c'est l'accès à l'information crédible et en temps réel au niveau de la radio qui est la priorité. Pour ce faire, il faut conduire les négociations, mettre en ligne une plateforme dédiée à la radio, faire un contrat de fourniture de connexion Internet haut débit avec un opérateur capable de fournir ledit service. Ensuite, il sera possible de penser aux autres services du centre numérique notamment, la saisie et traitement de texte, l'impression, la photocopie et la formation. En matière de connexion Internet haut débit, le choix d'une connexion de type VSAT serait le plus indiqué compte tenu de l'isolement des communes de

Nikki et de Bembérèkè, des autres atouts de connexion Internet haut débit comme l'ADSL. Ce service ADSL est permis dans le champ d'intervention de la fibre optique nationale qui s'étant de Cotonou à Parakou. Le reste du territoire est relié par des centrales analogiques. C'est à présent qu'un projet est en conduite. Il s'agit du « PROJET DE NUMERISATION DU RESEAU DES TELECOMMUNICATIONS DU NORD. Ce projet vise :

- dans un premier temps, la numérisation des artères de transmission Parakou - Porga, Parakou - N'Dali - Nikki en faisceau PDH en attendant la pose de la fibre optique ;
- dans un second temps, à changer les centraux analogiques en mini centraux numériques afin de fluidifier le trafic, améliorer la qualité de service aux abonnés, apporter de nouveaux services et faciliter l'accès aux services universels tel que défini par l'Union Internationale des Télécommunications (UIT) ;
- Coût global : 3,9 milliards de francs CFA. Durée : 12 mois. Source de financement : OPT et Banque Belge KBC. »[2]

Par ailleurs, les lignes téléphoniques utilisées par les deux radios communautaires ne sont pas éligibles à l'ADSL. Il aurait été bien d'être connecté à l'ADSL et profiter de la fibre optique qui garanti l'exclusion de parasites numériques et la stabilité de la bande passante. Une « fibre optique est un fil de verre transparent très fin qui a la propriété de conduire la lumière et sert dans les transmissions terrestres et océaniques de données. Elle a un débit d'informations nettement supérieur à celui des câbles coaxiaux et supporte un réseau « large bande » par lequel peuvent transiter aussi bien la télévision, le téléphone, la visioconférence ou les données informatiques »[3].

Le satellite (VSAT) apporte aujourd'hui, au village non desservis par l'ADSL, une solution simple et économique pour accéder à l'Internet haut débit.

Les clients distants du centre seront desservis suivant les dispositions d'un contrat de prestation de services de fourniture d'accès Internet WIFI. Le coût des équipements de réception d'ondes WIFI, les frais d'installation desdits équipements sont à la charge de chaque client. Il sera demandé à ces derniers de payer une caution de fidélité qui sera égale au

---

[2] http://www.benintelecoms.bj/apropo/index.html
[3] http://fr.wikipedia.org/wiki/Fibre_optique

coût mensuel de la redevance qu'ils doivent payer au centre numérique. Les clients du centre numérique seront encouragés à faire usage des antennes de réception d'ondes réalisées au Bénin. Il y a par exemple, des petites entreprises d'étudiants qui font les antennes Yagi[4].

Une Yagi de base se compose d'un certain nombre d'éléments droits, chacun mesurant approximativement une demi longueur d'onde. L'élément actif d'une Yagi est l'équivalent d'une antenne dipolaire à demi onde à alimentation centrale. Parallèlement à l'élément actif et approximativement à 0,2 - 0,5 fois la longueur d'onde, de chaque côté se trouvent les tiges ou les fils droits appelés les réflecteurs et les directeurs ou simplement les éléments passifs. Un réflecteur est placé derrière l'élément conduit et est légèrement plus long que la moitié d'une longueur d'onde; un directeur est placé devant l'élément conduit et est légèrement plus court que la moitié d'une longueur d'onde. Une Yagi typique a un réflecteur et un ou plusieurs directeurs. L'antenne propage l'énergie de champ électromagnétique dans la direction qui va de l'élément conduit vers les directeurs et est plus sensible à l'énergie de champ électromagnétique entrant dans cette même direction. Plus une Yagi a de directeurs, plus le gain est grand. La photo suivante montre une antenne Yagi avec six (6) directeurs et un réflecteur.

Figure : Une antenne Yagi.

Les antennes Yagi sont principalement utilisées pour des liens point-à-point. Elles ont un gain de 10 à 20 d Bi et une largeur de faisceau horizontal de 10 à 20 degrés.

Le coût des antennes à 2,4 GHz a chuté depuis l'introduction du 802.11b. Les conceptions novatrices emploient des pièces plus simples et peu de matériaux pour obtenir un gain

---

[4] Alexandra DANS, *Réseaux sans fil dans les pays en développement*, Edition en français, Limehouse Book Sprint Team, Novembre 2006, 272p

impressionnant avec très peu de machinerie. Malheureusement, la disponibilité de bonnes antennes est encore limitée dans plusieurs régions du monde, et leur coût d'importation est souvent prohibitif. Alors que concevoir une antenne peut être un processus complexe passible d'erreurs, la construction d'antennes à l'aide de composantes disponibles localement est non seulement simple mais peut aussi devenir une expérience amusante.

Les communautés visitées ont longtemps vécu dans l'oralité. La transmission de l'information au sein de la communauté se faisait de bouche à oreille avant l'accès aux moyens de communication que sont : la radio, les télécommunications et l'Internet. Ces populations se sentent beaucoup plus rassurés dans une communication vocale. C'est ce qui justifie leur engouement pour le téléphone fixe et le téléphone mobile. Il faudrait garder ce cap en leur offrant des services nouveaux comme la téléphonie sur Internet Protocole (IP). De préférence les services gratuits d'IP voix.

Nous pouvons ranger l'ensemble des besoins des communautés dans quatre (04) classes d'attentes. Il y a la classe numérique, la classe télécommunication, la classe bureautique et la classe reproduction. La classe numérique concerne : le reportage vidéo, la photographie numérique, l'actualité, l'accès Internet, la navigation et la fourniture de connexion Internet. La classe télécommunication comprend : la téléphonie fixe et le fax. La classe bureautique prend en compte : la formation en Informatique, l'impression, la saisie et traitement de texte. Enfin, la classe reproduction couvre : la photocopie et la reliure.

Par ordre de priorité dans un centre numérique au service de la radio, l'on devrait avoir les services de la classe numérique, ensuite ceux de la classe télécommunication, puis ceux de la classe bureautique avant de finir par ceux de la classe reproduction. Ces choix prioritaires sont faits sur la base du principe qu'une radio ne vit avant toute chose que d'informations. Les sources pertinentes et sures d'information sont les canaux du numérique. C'est aussi une réalité que le numérique n'existe pas avant la télécommunication. Bien que la bureautique soit au cœur du numérique, nous lui avons appliqué le même sort que la télécommunication. En effet, dans une première approche, la bureautique est au devant du numérique mais dans l'évidence de cela, la bureautique pourrait aussi être un service fourni à la clientèle. Cela fait d'elle un service externe concurrentiel du numérique. Quant à la reproduction, elle a toujours été classée en fin de wagon parce qu'elle fait usage des travaux de la bureautique.

3-3- Solutions pour faire face aux besoins

Le centre numérique qu'il faut mettre en place doit répondre à un besoin d'espace pour prendre en compte tous les services attendus.

Il faut envisager trois unités de production pour répondre aux attentes de la clientèle.

L'une serait spécialisée dans la reproduction et fournirait les services de : photocopie et reliure.

Une deuxième serait spécialisée dans le numérique et fournirait les services de : photographie numérique, reportage vidéo, actualité télévisuelle, navigation et fourniture d'accès Internet.

Une troisième unité qui sera consacrée à la micro informatique fournirait les services de saisie, traitement de texte, impression, fax, téléphone fixe et formation en Informatique.

D'aucun se demande pourquoi nous n'avons pas préféré deux unités au lieux de trois quand on sait que la population ne se dit disponible que nuitamment pour les espaces numériques. La réponse est toute simple. De jour, l'équipe de la radio aura le centre numérique pour la collecte informationnelle au profit des émissions radiophoniques à transmettre en langue locale. En effet, une radio est viable quand sa capacité de mobilisation et de diffusion de l'information est performante. En la matière, l'usage de l'outil Internet est un atout indéniable. Cet outil permet de rechercher, de collecter et de diffuser plus facilement l'information à travers le monde. Les radios auront une plateforme sur laquelle les populations pourront recueillir les informations audio qu'elles véhiculent sur leur onde. Ce site web permettra entre autres aux populations originaires de ces localités de consulter régulièrement l'actualité de chez eux. Il présentera par la même occasion à face du monde, la culture et l'actualité à Nikki et à Bembérèkè. Nous présenterons ce prototype dans la suite de notre développement.

Dans le contexte actuel de diffusion analogique d'informations par les radios de Nikki et de Bembérèkè, l'Internet jouera un rôle stratégique d'accès à l'information. Les animateurs de radios auront un accès privilégié et gratuit au centre numérique pour faire de la recherche et de la diffusion d'informations sur Internet. Ils pourront ainsi collecter plus facilement et rapidement l'actualité et les informations diffusées sur la toile mondiale notamment celles de plusieurs radios et télévisions numériques. C'est la première raison de notre choix. L'on pourrait plus tard, envisager le passage de ces radios du mode analogique à celui du numérique dans le but de véhiculer sur Internet, l'originalité des cultures des peuples de Nikki et de Bembérékè. Cependant, il nous semble aussi important de mettre en place des équipements nécessaires afin que les séances de sensibilisation à l'usage d'Internet ne souffrent d'aucune imprévision du moins par des évidences. Si le souci c'est d'offrir un centre d'information, de communication et de recherche alors, il faut prévoir le changement des comportements et espérer l'adhésion d'une communauté aux usages d'Internet et des TIC de façon presque permanente.

3-4- Critères de fonctionnalité des solutions

Le coût des prestations dans le centre numérique à mettre en place doit s'inscrire dans une logique d'action sociale dans la mesure où le statut de la radio ne saurait changer de structure à but non lucratif à structure commerciale. Dans ce cadre, et au regard des aspirations des populations, les prix ci-après pourraient être pratiqués :

- photocopie : 10Fcfa la page
- reliure : le petit anneau à 500Fcfa et le plus grand à 2.000Fcfa
- photo : 250Fcfa pour le petit format et 1.000Fcfa pour quatre photos d'identité ou bijou
- reportage vidéo : 15.000Fcfa le CD
- actualité : le suivi du journal télé n'est pas facturé, le suivi des films et match est facturé à 25Fcfa l'entrée
- navigation : la connexion Internet est à 250fcfa l'heure
- fourniture d'accès Internet : le coût est fixé par un contrat de prestation de service
- saisie : la page est à 150Fcfa
- traitement de texte : la page est à 100Fcfa
- impression : la page monocolore est à 50Fcfa, la page couleur est à 100Fcfa
- fax : le coût de la communication téléphonique + 50Fcfa par page pour service rendu
- téléphone fixe : l'impulsion est à 25Fcfa
- formation en informatique : le coût est de 2.000Fcfa le mois pour les logiciels de

bureautique

Il convient néanmoins d'indiquer que les coûts fixés reflètent la réalité nationale. Ils sont globalement identiques a ceux appliqués dans les centres numériques publiques et privées installés dans les grandes villes du Bénin.

Cependant, la fourniture d'accès Internet doit être un des axes prioritaires du centre numérique. C'est ce service qui assurerait la survit et la pérennité des acquis du centre. Elle pourrait, si elle est bien conduite, donner une notoriété départementale aux activités du centre numérique. Nous pensons aux cibles comme le centre de santé, l'hôpital, la mairie, la mission catholique avec leurs différentes écoles, les collèges privés et publics, les sièges de associations et groupements d'agriculteurs qui sont globalement dans un rayon d'un (1) kilomètre des sites d'implantation des différents centres numériques. Il y a aussi la possibilité de prendre en compte des sites enclavés situés pour certain à cinq (5) kilomètres (usine d'égrenage) pour d'autre à trente (30) kilomètres (Péréré) et d'autre encore à cinquante sept (57) kilomètres (Kalalé).

3-4-1- Personnel du centre numérique

Pour chacune des unités de production, il faut un personnel qualifié et disponible. Le nombre maximal d'agent est d'un (1) par cellule. Autant qu'ils sont, les acteurs devant travailler dans le cadre du projet doivent avoir un esprit de partage, de tolérance et d'humilité.

Compétences principales

Dans l'unité de reproduction, il faut rechercher une compétence en maintenance de niveau 1 pour les appareils photocopieurs. Un spécialiste de la photocopie. Ce dernier pourrait régler les problèmes mineurs de maintenance et assurer ainsi un bon état de l'équipement de travail. Il doit avoir le niveau Bac avec deux (2) ans d'expériences dans les activités de photocopie. Il doit être capable :

- d'assurer la maintenance d'un appareil photocopieur ;
- d'assurer des services de photocopie ;
- de faire la reliure de document ;

- de gérer financièrement un centre de reproduction ;
- de former deux personnes pour assurer la continuité du service ;
- de gérer financièrement les ressources de reproduction ;
- de travailler sous pression ;
- de faire des suggestions d'amélioration du service à la clientèle ;
- de leadership organisationnel.

Dans la cellule du numérique, la priorité doit être accordée aux spécialistes des TIC. Des acteurs de terrain qui maîtrisent la gestion des projets numériques. Des gens qui ont une vue d'ensemble de la synergie d'action qui doit exister entre les différents services offerts. Un animateur de projet TIC serait l'idéal. Il devra aussi avoir une habileté en prise et traitement d'images numériques et d'arts audiovisuels. IL doit être de niveau Bac +4/5 avec une année d'expérience dans la gestion des centres numériques. Il doit être capable :

- de gérer financièrement un cyber ;
- d'utiliser un serveur de réseau local ;
- d'administrer un site web ;
- de réparer les pannes mineurs du réseau physique ;
- d'assurer une permanence dans le partage de connexion avec des clients distants ;
- d'accompagner les usagers dans leurs quêtes de savoirs et d'information ;
- de prendre et traiter des vues ;
- d'imprimer des photos numériques ;
- de faire usages d'un caméscope ;
- de produire et reproduire des supports multimédias ;
- d'utiliser des décodeurs télévisuels ;
- de former deux personnes pour assurer la continuité du service ;
- de travailler sous pression ;
- de faire des suggestions d'amélioration du service à la clientèle ;
- de leadership organisationnel.

Dans la session de la micro informatique, il faut recruter un formateur en TIC. Quelqu'un qui maîtrise l'informatique et son pouvoir. Il serait utile qu'il soit informaticien. Il aura un niveau Bac+3 avec une année d'expérience de formateur en informatique. Il doit être capable :

- d'assurer des services de saisie et traitement de texte ;
- d'imprimer des documents ;
- de faire usage d'un appareil de télécopie ;
- de gérer financièrement les recettes de la micro informatique ;
- d'assurer la formation en informatique de la clientèle ;
- de faire la reliure de document ;
- d'assurer des service de téléphonie fixe ;
- de former deux personnes pour assurer la continuité du service ;
- de travailler sous pression ;
- de faire des suggestions d'amélioration du service à la clientèle ;
- de leadership organisationnel.

Les attributions de chacune des compétences principales sont valables au cas où l'on serait contraint de faire recours à des compétences secondaires ou subsidiaires.

Compétences secondaires

Dans l'unité de reproduction, à défaut d'une compétence en maintenance de photocopieur, il faut rechercher une personne ayant totalisé au moins une dizaine d'année de service en qualité d'agent de photocopie dans d'autres structures pérennes. Ce dernier doit également justifier d'une maîtrise parfaite de l'usage des appareils de reliure.

En matière de numérique, il faut à défaut de mieux, recruter un informaticien qui tient le réseau en parfait état et implémente tous les équipements et produits nécessaires. Il devra surtout avoir une notion de l'art audiovisuel.

Pour la micro informatique, à défaut de la compétence indiqué, un rodé du métier de télécommunication pourrait bien servir. Il lui faudra prouver ses aptitudes pédagogiques, d'encadrement des adultes.

Compétences subsidiaires

Dans l'unité de reproduction, au pire des cas, il faut rechercher une compétence en photocopie avec quelques années d'expérience. Dans ce cas une adaptabilité de l'individu doit être une preuve de son maintien au poste.

Pour le numérique, qu'à cela n'en tienne, si on ne trouve pas mieux, un journaliste convertis dans les médias numériques ne serait pas inutile. Il faut cependant qu'il ait une notion parfaite du photojournalisme et une maîtrise du reportage audiovisuel.

En matière de micro informatique, si aucune compétence n'est sous la main, l'on pourrait au pire des cas chercher un formateur des formateurs ayant fait une initiation en informatique. Il faut qu'il ait une notion du marketing technologique.

3-4-2- Equipements du centre numérique

Pour les activités de reproduction, il faut envisager la mise en place d'un (1) appareil photocopieur haut de gamme équipés de pose pied, une (1) agrafeuse géante, une (1) petite agrafeuse, un (1) appareil de reliure, une (1) table moyenne et deux (2) chaises.

Pour les activités du numérique, il faut prévoir l'achat d'un (1) appareil photo caméra numérique, une (1) télévision écran géant, une (1) antenne VSAT, un (1) modem pour la capture d'onde Vsat, un (1) routeur pour la fourniture d'onde WIFI, une (1) antenne d'émission Wifi, un (1) switch de 24 ports deux (2) câbles vidéo de connexion de l'antenne VSAT au modem, un (1) régulateur de grande capacité, un (1) onduleur de grande puissance, plusieurs mètres de câbles RJ45, un (1) serveur, une (1) dizaine (10) d'ordinateur de table pour le début, envisager l'extension du parc informatique, onze (11) chaises, six (6) tables de longueur 1,25m, largeur 0,75 m et hauteur 1m, une (1) imprimante photo de haute fidélité, une (1) imprimante monocolore simple, un (1) graveur DVD externe, onze (11) casques, onze (11) webcan, cinq (5) rallonges électriques de 5 ports chacune avec une longueur minimum de 2,5m.

Pour les activités de micro informatique, nous aurons à commander deux (2) ordinateurs de table, une (1) imprimante multifonction (fax, scanne, imprimante, photocopie), une (1) ligne téléphonique, un (1) chevalet pour la formation, un (1) table de longueur 1,25m, largeur 0,75m et hauteur 1m, trois (3) chaises.

Pour chacune des unités, il faut prévoir du fongible pour le fonctionnement notamment des

DVD vierges, des cartons pour photo, des papiers chevalet et des cartouches de marqueurs. En matière de logiciel à utiliser dans le centre, nous suggérons l'usage des logiciels, des applicatifs et des systèmes d'exploitation libres pour garantir une économie financière dans ce domaine.

En matière de sécurité du logiciel, il est bien connu que le logiciel qu'il soit libre ou propriétaire contient des erreurs de programmation appelées bugs dans ses lignes de code. Il est aujourd'hui avéré que les bugs dans le logiciel libre sont moins nombreux et se réparent bien plus rapidement que dans le logiciel propriétaire.

Pour assurer l'accès universel de tous à l'information libre, pérenne et sécurisée de par sa stabilité, il est indispensable que l'encodage des données ne soit lié à la bonne volonté des fournisseurs, ni aux licences imposées par ceux-ci. L'utilisation de formats standards et ouverts permet de garantir ce libre accès et d'obtenir, au besoin, la création de logiciel libre compatible. La suite OpenOffice est aujourd'hui une alternative à la pression financière que nécessite l'usage légal de la suite Office de Microsoft. Il en est de même du système d'exploitation libre « linux » par rapport aux autres systèmes d'exploitation propriétaires de la famille « Windows ». Il est important d'indiquer que la pérennité des données se garantit par la disponibilité du code source.

« Il faut reconnaître que l'obsolescence accélérée des équipements informatiques entraîne un important gaspillage de ressources et découle principalement de l'obsolescence des logiciels. Retrouver la maîtrise du software permet donc de modérer les besoins de renouvellement du hardware. Voilà pour la dimension écologique du développement durable. Mais la dimension sociale est à mes yeux plus importante encore. Il ne fait aucun doute que la diffusion de logiciels libres peut combler le «fossé numérique» en rendant les nouvelles technologies accessibles à tous. »[5] En effet, l'option des logiciels libres est intéressante en termes de:

- Rapport qualité - prix ;
- Sécurité ;
- Souplesse et adaptabilité ;
- Perfectionnement et assistance continue par la communauté des usagers ;

---

[5] http://www.vd.ch/fr/typo3-et-le-canton-de-vaud/le-canton-et-loss/index.html.

- Programmation évolutive permettant de résoudre des problèmes et d'ajouter de nouvelles fonctions.

L'usage des logiciels libres donnerait aussi au centre une notoriété de structure de promotion des logiciels libres dans le Nord Bénin. Pour les formations en micro informatique, il faut envisager des contrats périodiques de prestation de services en cas de non recrutement de compétence avérée en la matière. La formation devra être dispensée prioritairement pour faire acquérir au personnel, une maîtrise des logiciels utilisés dans le centre. Toutefois, une réponse favorable pourrait être aussi donnée aux formations à la carte sur la maîtrise de tel ou tel logiciel propriétaire si la compétence pour rendre le service est disponible dans le centre.

3-4-3- Caractéristiques techniques et coûts des équipements

Intitulé de l'équipement	Caractéristiques techniques	Coût unitaire	Source du coût	Nbre	Coût cumulé
Photocopieur	Type de photocopieuse : Numérique. Technologie d'impression : Laser monochrome. Largeur : 76.4 cm. Profondeur : 79.5 cm. Hauteur : 117 cm. Poids : 280 kg. Disque dur : 20 Go. Résolution de reproduction maximale : Jusqu'à 1200 x 600 ppp. Demi-teintes des niveaux de gris : 256. Duplexage automatique : Oui. Résolution d'impression maximale : jusqu'à 2400 x 600 ppp. Vitesse d'impression maximale : Jusqu'à 80 ppm. Pilotes/émulations imprimante : PCL 5e, PCL 6, PostScript3. Détails concernant la manipulation de documents et de supports : Bac de dérivation - 50 feuilles. 2 x cassette de papier - 550	14.501,53 euros soit 9.513.005fcfa	http://www.ebay.fr	1	9.513.005

	feuilles. 2 x cassette de papier - 1500 feuilles. Détails sur la vitesse : Impression : jusqu'à 80 ppm (A4) ; Impression : jusqu'à 41 ppm (A3) ;Temps de sortie 1ère copie noir et blanc : 3 s. Temps de préchauffage : 6 minutes. Tension requise : CA 230V (50Hz). Consommation en fonctionnement : 2700 Watt.				
Agrafeuse géante	Agrafeuse pneumatique, Livre avec valise, lunette de protection et 600 agrafes de 8mm rallonge, 600 agrafes de 10mm rallonge, 600 agrafes de 25mm rallonge. Pression maximale : 6 bar. Rallonge min: 6mm. Rallonge max. : 16mm. Largeur des agrafes: 12,8mm. Raccordement fil : 1/4". Poids : 1,85 kg.	79 euros soit 51.825fcfa	http://www.ebay.fr	1	51.825
Petite agrafeuse	Rechargement aisé des agrafes par l'avant, contenance de 100 agrafes. Agrafage facile grâce au bras très stable.	20.000fcfa	Entreprise locale à Cotonou_ Data Service	1	20.000
Appareil de reliure	Grand modèle	70.000fcfa	Data Service	1	70.000
Appareil photo caméra numérique	Type : Bridge, Flash intégré : Oui, Type de capteur : CCD, Sensibilité ISO min : 100, Sensibilité ISO max : 3200, Définition capteur largeur en pixels : 3072, Définition capteur hauteur en pixels : 2304, Ratio de l'image : 4/3, Zoom optique : 12 X,	399€ soit 261.745fcfa	http://www.ebay.fr	1	261.745

	Zoom numérique : 4 X, Objectif min en mm (focale équivalente 24x36) : 36, Objectif max en mm (focale équivalente 24x36) : 432, Temps de pose max (en secondes) : 60, Temps de pose min (en secondes) : 1/2000, Viseur : Electronique, Ecran débrayable : Oui, Mémoire interne (en Mo) : 27, Carte mémoire : SD Card, Formats de fichiers JPEG : Oui, Format de fichiers RAW : Oui, Mode vidéo : 848 x 480 pixels, Prise du son : Oui, Nombre d'images par secondes : 30, Sortie vidéo : Oui, Batterie et chargeur fourni : Oui, Utilisation de piles standards : Batterie Lithium-Ion, Poids sans batterie (en grammes) : 310, Dimension profondeur (en mm) : 79, Dimension hauteur (en mm) : 72, Dimension largeur (en mm) : 112.			
Antenne Wifi	Bande : 2400-2500 MHz, Gain : 15 dBi, Angle d'ouverture H/V : 360°/8°, Puissance maximale : 100 Watt, Polarisation : verticale, TOS (VSWR) : <1.5:1, Impédance : 50 Ω, Connecteur : N Femelle (Jack), Poids : 1.5 kg, Fixation Ø : Mât jusqu'a 52 mm, Dimensions L/Ø : 1030/39 mm	189euros soit 123.985fcfa	http://shop .airs.fr	1	123.985
Télévision	Ecran 21. Poids de l'appareil : 38 kg, Largeur de la boîte : 1 354 mm, Hauteur de la boîte : 1 211 mm,	115.000fcfa	Entreprise locale à Cotonou_	1	115.000

	Profondeur de la boîte : 339 mm, Couleur du boîtier : High Gloss Black et Brilliant Pearl, Compatible avec la norme VESA : 800 400 mm, Alimentation Secteur : 220 - 240 V CA +/- 10 %, Consommation : 248 W, Consommation en veille : 0,8 W		Le Défi	
Connexion VSAT 256/256	VSAT Station Est avec 1.8m de diamètre d'antenne et 2Watt BUC, Capable de transmettre 1Mbps et recevoir 10Mbps. Bande passante de 256/256. Satellite : SES ASTRA AMC-12 Terminal : iDirect 3100 télécommande le Routeur de satellite avec intégration d'accélérateur TCP, usage de DNS et QoS. Antenne : Prodelin C-Band 1.8m Rx/Tx X-pol alimentation linéaire Patriot C-Band LNB, Coaxial cables pour liaison au satellite (RG6), Belcom C-Band 2watt BUC ($800 pour 5Watt BUC), Temps de connexion : 24h/24H et 7jrs/7jrs , Port de Télé location : Atlanta, Georgia USA, Backbone : NTT Global IP Network Location d'adresse publique: $150 / Adresse/an, Location d'adresse privée: Entreprise	2.500.000fcfa	FAI-vsat au Nigeria_ SkyVision	1	2.500.000

	– 16 IPs à volonté. Facturation : Pré payement annuel. Coût d'équipements et d'installation.				
Routeur Wifi	Normes reconnues en réseau sans fil : 802.11b/g Débit théorique annoncé : 108 (Mbit/s). Un routeur qui concilie qualité et quantité. Ce routeur devrait fournir de bons débits, une bonne qualité de service et assurer le rôle de serveur d'impression. Exple : DI-724GU, D-Link.	249 163.345fcfa	http://shop .airs.fr	1	163.345
Switch	D-Link 24 ports rackable	135.000fcfa	Entreprise locale à Cotonou_ H2Com	1	135.000
Serveur	Processeur Intel Pentium IV (3GHz, 2MB L2 cache, 800 MHz FSB), 1Go de mémoire DDR2 SDRAM, deux (02) disques durs SATA de 80 Go à 100.000tr/mn, PowerVault 100T, DAT72, 36/72GB Internal TBU with cable, incl. 39320A SCSI Controller Card (+1 cassette de nettoyage + 5 cartouches vierges), Carte réseau 100/1000 Mbts, Onboard Gigabit NIC, Lecteur CD-Rom (48x), Ecran 17'' Clavier Performance (7Hot Key) (AZERTY) Midnight Grey USB, Souris USB 2 Button Optical Mouse & Mouse Pad, Garantie pièces et main d'œuvre : 1 an.	2.010.000fcfa	H2Com	1	2.010.000

	Logiciels : entièrement libres.				
Onduleur	APC Smart-UPS 2200VA	600.000fcfa	Data Service	1	600.000
Armoire informatique	INFRA+12*7u	350.000fcfa	H2Com	1	350.000
Panneau de brassage	24 ports équipés	220.000fcfa	H2Com	1	220.000
Prises informatiques	Apparentes CAT6 complète	11000fcfa	H2Com	12	132.000
Jarretières de connexion	3m	9.000fcfa	H2Com	12	108.000
Barres de moulures	40*100	9.500fcfa	H2Com	3	28.500
Barres de moulures	32*16	2.000fcfa	H2Com	10	20.000
Câble	UTP CAT6	200fcfa	H2Com	300	60.000
Paquets de vis à bois	Bois de 8	2.000fcfa	H2Com	1	2.000
Paquets de chevilles	Thermoplastique de 6	1.800fcfa	H2Com	1	1.800
Prise t/u	T/U	5.000fcfa	H2Com	1	5.000
Installation du serveur	configuration	100.000fcfa	H2Com	1	100.000
Main d'œuvre génie civil	Tracés	40.000fcfa	H2Com	1	40.000
Main d'œuvre conception et câblage informatique	Conception et câblage	60.000fcfa	H2Com	1	60.000
Régulateur	8000 VA	115.000fcfa	Data Service	1	115.000
Ordinateur de table	Processeur : Intel Pentium IV (3,4) Ghz, Disque dur 160 Go, mémoire	630 euros soit 413.280fcfa	http://www.ebay.fr	12	4.965.600

	vive : 512Mo DDR, Carte graphique : Intégrée / 64Mo partagée, Combo lecteur et graveur DVD RW double couche, lecteur disquette 3''1/2, carte son : 16bits intégrée, communication : port réseau 10/100Mb Fast Ethernet, Wake on line, accessoire : clavier AZERTY, souris filaires, connecteurs : 4 ports USB 2.0, 1 série, 1 parallèle, 1 PS/2, dimensions : L. 20x P.37 x H.37. Logiciels : entièrement libres.				
Imprimante photo	On constate rapidement que l'imprimante n'est pas vraiment taillée pour la course : chronomètre en main, il lui faut 30 secondes pour imprimer une feuille A4 de texte couleur, 5 minutes pour une photo de même dimension en qualité supérieure et plus de 10 minutes pour un tirage A3+ sans marge. Pour imprimer un CD grâce au support fourni, comptez 2 minutes 30. L'imprimante « La Stylus Photo 1400 » par exemple, exploite ainsi les nouvelles encres Claria, garantissant à vos tirages une longévité de 25 ans en exposition sous verre et plus de 200 ans en album (selon Epson) ! La machine intègre également le système Advanced VSDT à taille de goutte	399 239.400fcfa	http://www.compufirst.com	1	239.400

	variable (5 au total) censé améliorer encore la finesse du rendu, déjà très satisfaisant sur le modèle précédent.				
Imprimante monocolore	N&B - laser - Legal, A4 - 1200 ppp x 1200 ppp - jusqu'à 20 ppm - capacité : 250 feuilles - parallèle, USB, 10/100Base-TX	387.79 euros soit 254.395fcfa	http://www.compufirst.com	1	254.395
Imprimante multifonction	Bac papier : 100 feuilles, Chargeur : 25 feuilles, Garantie : 1 an retour atelier, Interface : USB 2.0, Mémoire fax : jusqu'à 100 pages, Multicopie : de 2 à 99 exemplaires, Numéros abrégés : 80 numéros, Résolution imprimante : jusqu'à 4800 x 1200 dpi, Résolution scanner : 1200 x 2400 dpi, 256 niveaux de gris, Scanner : couleur, à plat 48 bits, Vitesse copie couleur : jusqu'à 13 copies/min, Vitesse copie noir : jusqu'à 20 copies/min, Vitesse de transmission fax /page : 3 sec, Vitesse impression couleur : jusqu'à 13, Vitesse impression noir : jusqu'à 20 pages/min, Vitesse modem : 33 600 bps pages/min, Zoom : 25 à 400%.	129,99 € soit 85.275fcfa	http://www.compufirst.com	1	85.275
Graveur DVD externe	Technologie Seamless link contre les échecs de gravure. Compatible en écriture : DVD +/- R en 8X, DVD+R DL en 4X, CDR/RW en 24X. Livré avec : un logiciel libre de gravure. Rom 6.0. Dim : 16,5 x 15 x	75.000fcfa	Le Défi	1	75.000

	2,2 cm.				
Casque	Microcasque de type arceau à deux écouteurs • Déconnexion rapide • Confort d'utilisation • Micro anti bruit orientable	55 euros soit 36.080fcfa	http://www.ebay.fr	11	396.880
Webcan	Pour communiquer même en déplacement. Capteur photo 1,3 méga pixels. Enregistrement vidéo en résolution 640 x 480 pixels. 30 images / seconde. Bouton pour prise de photo instantanée. Microphone intégré pour dialoguer via Live Messenger, Skype, …	55.01euros soit 36.090fcfa	http://www.ebay.fr	11	396.990
Rallonges électriques	5 ports chacune avec une longueur minimum de 2,5m	8.000fcfa	Data Serice	3	24.000
Ligne téléphonique	Taxe de raccordement et Dépôt de garantie pour la ligne. Un duo pratique : allie un téléphone filaire répondeur et un combiné sans fil DECT ! Composé de : • Un téléphone filaire pour un usage courant au bureau. Écran 3 lignes alphanumériques (dont 1 ligne d'icônes), répondeur numérique 10 minutes, écoute amplifiée. • Un combiné sans fil supplémentaire pour téléphoner en toute liberté. Technologie DECT. Autonomie : 100 h (en veille)/11 h en conversation. Portée 50 m. Écran	66,98 euros soit 43.940fcfa + 259.400fcfa= 303.340fcfa	http://www.ebay.fr et http://www.benintelecoms.bj	1	303.340

	rétro-éclairé 2 lignes (dont 1 ligne d'icônes), écoute amplifiée. Alimentation par batteries rechargeables. H.14 x P. 2,5 x L. 4,5cm. Des fonctions professionnelles pour les 2 ! Journal des 30 derniers appels reçus avec date et heure, fonction mains-libres sur base et combiné, répertoire de 50 noms et numéros, transfert d'appels entre la base et le combiné DECT.				
Chevalet	Exposés à la hauteur ! Le plaisir d'écrire ! Grand confort du tableau laqué et incliné à 30°. Disponible à 100% ! Mobile, il vous suit partout. Sur vérin, il se règle à votre taille jusqu'à 200 cm. La qualité en plus ! Elégant et robuste : en métal gris clair. Fond blanc laqué longue durée, pour affichage par punaises magnétiques. Ecriture par marqueurs effaçables à sec. Fixation rapide de tout bloc papier par ergots adaptables en largeur. Auget spacieux. Livré avec 2 potences latérales, 1 marqueur et 1 recharge de 25 feuilles. Plan d'écriture 100 x 74 cm. Dimensions H. 200 x L. 74 cm x P. 65 cm (dim. hors pied). Poids : 18,5 kg. Livré prêt à monter.	199 euros soit 130.545fcfa	http://www.ebay.fr	1	130.545
Table	Type de bois : kosso Mesure : longueur 1,5m, largeur	15.000fcfa	Entreprise locale à	8	120.000

	0,75m et hauteur 1m Vernissage parfait au Lubrifiant		Abomey_ Socaaf.sarl		
Chaise	Type de bois : kosso Mousse à la pose et au dos Vernissage parfait au Lubrifiant Mesure : hauteur de la pose 0,45m, hauteur du dos 1m	7.000fcfa	Entreprise locale à Abomey_ Socaaf.sarl	16	112.000
TOTAL GENERAL -1					**23.909.630**

3-4-4- Coûts des ressources humaines et connexes

Ressources humaines	Nombre	Coût unitaire standard	Coût total
Animateur radio	4	Forfait pour déplacement (5.000fcfa)	20.000
Président du CA	1	Forfait pour déplacement (50.000)	50.000
Comptable du CA	1	Forfait pour déplacement (20.000)	20.000
Responsable du PACOM	1	Forfait pour déplacement (100.000)	100.000
Bureau de la Coopération Suisse	1	Forfait pour déplacement (100.000)	100.000
Consultant TIC (niveau bac+5)	6	100.000 x 20 jours	12.000.000
Consultant formateur (niveau bac+5)	3	100.000 x 5jours	1.500.000
Spécialiste TIC (niveau bac+4)	1	150.000 x 6mois	900.000
Formateur en TIC (niveau bac+3)	1	100.000 x 6mois	600.000
Spéciation en photographie (niveau bac)	1	80.000 x 6mois	480.000
Entretien d'Accès Internet	1	3.400.000 x 1 an	3.400.000
Entretien téléphonique	1	5.000 x 6mois	30.000
TOTAL GENERAL -2			**19.200.000**
TOTAL GENERAL 1 + 2			**43.109.630**

3-5- Organisation du centre

Le centre devra être construit à temps pour permettre l'implémentation des solutions proposées. L'édifice du centre doit permettre la mise à disposition de trois (3) salles dont les dimensions seraient de 6m x 6m, 6m x 4m, 6m x 4m.

La salle numérique qui serait de 6m x 6m doit permettre une disposition du parc informatique en « U ». Le responsable de la salle devra avoir une vue d'ensemble sur chacun des clients à l'instantané. Cette salle pourrait être utilisé simultanément pour la navigation Internet et comme salle de télévision. Il y aura des séances spéciales télé et des heures spécifiques de navigation. La salle pourrait aussi faire office de salle de formation en cas de grande sollicitation des services de formation du centre.

Le câblage informatique de la salle numérique sera de type catégorie 6 d'un débit de 200 MHz dans un réseau Ethernet. Les câbles, les prises informatiques et les moulures proposés sont ceux d'un des plus grands fabricants de matériels réseau : INFRA+. Le switch est livré par l'un des grands constructeurs d'équipements d'interconnexion réseau : D-Link. Douze (12) prises seront posées pour le raccordement des dix (10) ordinateurs de table, du serveur et d'un éventuel ordinateur portable (client nomade). Les câbles passeront dans les moulures pour atteindre l'armoire informatique. L'armoire informatique contiendra : une multiprise rackable, un switch de 24 ports équipés d'embases catégorie 6, des cordons pour la connexion des prises du panneau de brassage au switch.

Il y aura aussi la mise en place d'un serveur et la configuration des postes de travail proposés.

En effet, un serveur sera mis en place en vue de :

- servir d'emplacement partagé pour les utilisateurs. Cela permet d'éviter aux utilisateurs de faire des partages de fichiers directement sur leurs machines ;
- servir d'emplacement partagé pour les impressions dans le réseau. Les utilisateurs pourront imprimer directement sur le serveur et récupérer les impressions à un emplacement unique. Cela permettra de limiter les coûts dus à l'achat d'imprimantes sur chaque poste de travail ;
- permettre la mise en place d'une solution d'antivirus centralisé. Cela permet de limiter

les coûts élevés dues à l'achat d'antivirus sur chacun des postes de travail et permettre une utilisation plus efficiente de la bande passante de connexion Internet par le téléchargement unique des mises à jour nécessaires au bon fonctionnement des postes de travail ;

- permettre une bonne gestion financière des coûts et durées de navigation ; et
- faciliter un service de fourniture d'accès Internet aux clients distants du centre.

La configuration des postes de travail dans le réseau se fera avec des adressages dynamiques. Les antivirus seront installés depuis le serveur et leurs mises à jour seront configurées pour être automatiques et provenir du serveur.

La salle 6m x 4m serait dédiée aux acticités de reproduction et l'autre salle 6m x 3m aux activités de micro informatique.

La construction de l'édifice du centre est un préalable indispensable au déploiement de notre projet. Il nous a été rapporté que le Bureau de la Coopération Suisse au Bénin a été déjà saisi d'un dossier de construction d'édifice de centre numérique. C'est déjà un grand pas et cela réconforte. Nous proposons que le dossier soumis soit traité et mis en application sur les deux sites devant abriter de projet à savoir Nikki et Bembérèkè. Pour que les travaux se fassent avec diligence et responsabilité communautaire, nous suggérons que ce dossier soit apprécié sous l'angle d'un appui budgétaire. A notre avis, seul un appui budgétaire permettrait de réduire le coût global de la construction et susciter une adhésion inconditionnelle des populations au projet. Plus vite l'édifice sera construit, tôt le projet fera corps. Nous avons constaté un dynamisme et une disponibilité des différents Conseils d'Administration de radio qui nous convainc de l'existence très prochaine de centre numérique dans les Communes de Nikki et de Bembérèkè.

3-5-1- Fonctionnement du centre

Une note de centre rédigée de façon collégiale par la première équipe de gestion du centre sous la supervision de son conseil d'administration, fixera les mode de conduites nécessaires à la bonne marche des activités et la gestion des relations de travail. Un règlement intérieur rendu public sur le tableau d'information du centre, indiquerait les droits et devoirs de chaque agent du centre.

La méthode et la durée de la fourniture de chaque service sollicité par la clientèle serait mis par écrit et rendu public. Les avis de la clientèle sur le service fournis pourraient être collectés à la fin de chaque mois. Ces avis seront appréciés par le conseil d'administration du centre lors du bilan mensuel sur l'état du centre en présence des différents responsables d'unités de production. Un règlement de gestion du parc équipement préciserait les conditions de déplacement et d'usage des équipements du centre. Toutes les activités du centre ainsi que le déplacement des équipements seront placées sous la responsabilité du chef de l'unité de production la plus viable à la fin de chaque bilan annuel d'exercice.

3-5-2- Sécurité énergétique

Dès la construction du bâtiment, la priorité qui devrait suivre est la gestion de la sécurité énergétique. Même s'il est important d'être raccordé à l'énergie électrique de la Société Béninoise d'Energie Electrique (SBEE), il est aussi prudent d'avoir une source d'énergie viable. La gestion de l'environnement électrique du Bénin depuis une dizaine d'année ne rassure pas d'une disponibilité énergétique sans rupture durant toute une année. C'est ce qui a amené la radio à se doter d'un groupe électrogène pour assurer ces services sociaux pendant les coupures électriques. C'est une initiative qui doit être renforcée par la mise à disposition de groupes électrogènes de grande capacité.

Mais parler de groupe électrogène, c'est prévoir des ressources récurrentes pour le gasoil qui alimenterait ledit groupe électrogène. Les Conseils d'Administration des deux radios peuvent se passer de cette exigence en recourant aux énergies renouvelables notamment l'énergie solaire. En effet, «Compte tenu de la nature des besoins énergétiques des ruraux qui sont souvent très disséminés dans le temps et dans l'espace, les technologies d'utilisation des énergies nouvelles et renouvelables, comme le solaire, trouvent une voie de prédilection dans le Monde Rural Africain. Les moyens scientifiques et techniques de stockage de l'énergie du soleil (électricité, chaleur, séchage etc.), ajoutés aux possibilités d'usage de l'énergie au fil du soleil [...] prédestinent cette source du solaire à un avenir fiable et adéquat pour l'autosuffisance énergétique du monde rural des pays d'Afrique. »[6] Chaque Etat devrait s'efforcer "d'organiser la fin du pétrole, mais également de s'assurer le monopole des

---

[6] Cheikh ANTA DIOP, "Au commencement est l'énergie, tout le reste en découle", *in Les fondements*

nouvelles sources d'énergie."[7] Cela permettrait la mise à disposition d'énergie à coût réduit de façon pérenne dans le temps. Si l'Etat ne s'y met, alors, chaque entité organisationnelle utilisant les groupes électrogènes doit se sortir d'affaire en recourant à l'énergie solaire.

L'existence de l'énergie est le commencement du développement numérique. Elle est indispensable à tous égards, pour l'accès à l'information sur les serveurs, les ordinateurs clients, les sites web et autres supports. Dans les conditions énergétiques actuellement du Bénin, il n'est pas prudent d'y héberger un site web, encore moins, un nom de domaine. C'est l'une des raisons qui ont motivé l'hébergement du site web des radios de Nikki et de Bembérèkè à l'extérieur du Bénin. Nous vous invitons à consulter ledit site (www.nikki-bembereke.org) dont la présentation succincte est donnée ci-dessous.

3-6- Présentation du Site Web Nikki-Bembérèkè

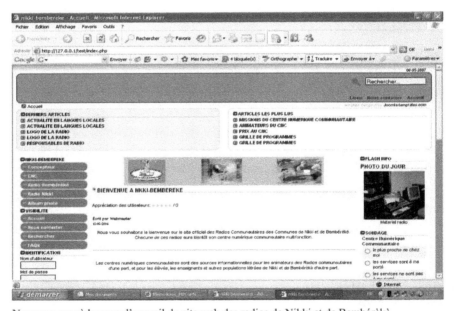

Nous sommes à la page d'accueil du site web des radios de Nikki et de Bembérèkè.

économiques et culturels d'un État fédéral d'Afrique Noire, Présence Africaine, 1974, p.7

[7] Jacques PERCEBOIS, "L'énergie solaire, perspectives économiques", *Energie et Société*, Ed. du CNRS, 1975.

A notre Gauche, il y a quatre chapitres : NIKKI-BEMBEREKE, VISIBILITE, IDENTIFICATION, et SYNDICATION. A notre Droite, il y a trois chapitres : FLASH-INFO, SONDAGE et PRESENCE.

Dans la déclinaison du chapitre NIKKI-BEMBEREKE, nous avons :
- ➢ la rubrique CONCEPTEUR qui comporte le CV du concepteur ;
- ➢ la rubrique CNC qui se décline en cinq sous- rubriques : - missions du CNC, - animateurs du CNC, - prix au centre, - actualité du CNC Nikki et - actualité du CNC Bembèrèkè ;
- ➢ les rubriques Radio Bembèrèkè et Radio Nikki qui indiquent respectivement pour chacune d'elles, dix sous- rubriques : - logo de la radio, - histoire de la radio, - dirigeants de la radio, - grille de programmes, - thématiques, - culture locale, - actualité locale (français et langues locales), - journal en français, et - journal en langues locales ;
- ➢ la rubrique ALBUM PHOTO qui contient la photo du jour.

Le chapitre VISIBITE, quant à lui, se décompose en quatre rubriques :
- ➢ la rubrique ACCUEIL souhaite la bienvenue au visiteur du site ;
- ➢ la rubrique CONTACT donne les coordonnées du concepteur, du principal bailleur du projet et celui des radios ;
- ➢ la rubrique RECHERCHE permet de faire des requêtes de données disponibles ou référencées sur le site et sur Internet ;
- ➢ la rubrique FAQ rappelle les questions récurrentes reçues par l'administrateur du site.

A travers le chapitre IDENTIFICATION, le visiteur peut s'inscrire directement sur le site ; il y est ensuite authentifié par l'administrateur.

Le chapitre FLASH-INFO met en exergue la photo du jour.

Dans le chapitre SONDAGE, nous avons :
- ➢ une rubrique d'opinion sur le centre numérique ;
- ➢ une rubrique d'identification des besoins en services prioritaires ;
- ➢ une rubrique d'expression des attentes des populations vis-à-vis des émissions radios.

Enfin, le chapitre PRESENCE indique le nombre de personnes connectées au site.

Au Haut de notre page d'accueil, nous avons la rubrique LIEN qui permet d'accéder à d'autres sites web utiles pour les animateurs de radios d'une part et pour les acteurs de l'éducation d'autre part. De plus, chaque internaute peut y accéder pour sa propre culture. La feuille ci-dessous est celle des sites référencés, regroupés et mis en exergue dans la rubrique LIEN.

La feuille ci-dessous est celle de l'enregistrement des utilisateurs qui souhaitent être authentifiés sur le site. Les utilisateurs authentifiés utilisent simplement leur identifiant et leur mot de passe sécurisé pour leur présence sur le site.

La feuille suivant est celle de la connexion des administrateurs du site. Nous avons créé pour le compte de ce site, deux niveaux d'administration. Le concepteur est l'administrateur central du site et chacune des radios a son d'administrateur délégué sur le site. Seuls les administrateurs de site ont doit de publication et de suppression de données. Ils peuvent ainsi modifier des données, entrer des éléments nouveaux, autoriser des utilisateurs, créer des rubriques, des articles et faire bien d'autres opérations.

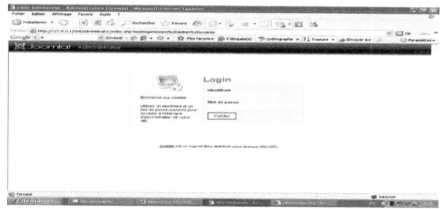

La feuille de travail de l'administrateur central du site se présente comme il suit ci-dessous. Il a toutes les permissions y compris la révocation des administrateurs délégués.

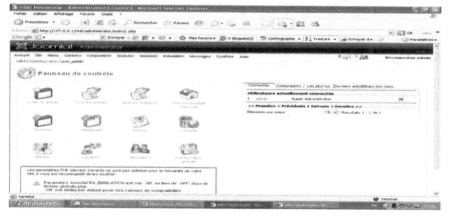

61

La feuille suivante est celle des administrateurs délégués. Elle leur permet de faire des ajouts, des modifications ou des suppressions de données sur le site.

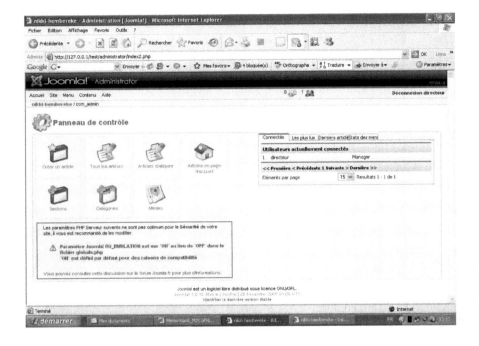

IV- FICHE RECAPITULATIVE DU PROJET

Dans le processus de la mise en place et de la gestion d'un centre numérique à Nikki et à Bembéréké, nous avons fait l'option d'avoir une entité projet qui s'exécutera pour compter du **02 juillet 2007** jusque au **07 juin 2008** inclus. La durée de vie du projet est **245 jours**. Cela fait au total **342 jours calendaires** dont **245 jours ouvrables**. A la suite de l'évaluation dudit projet, l'entité prendra purement et simplement la personnalité d'une structure communautaire ayant des activités traditionnelles. Le coût estimatif du projet dans chacune des deux Communes est de **43.109.630 Fcfa**. Ce coût ne prend pas en compte les ressources nécessaires, à la réalisation de l'édifice devant abriter le centre numérique.

ojet	CONCEPTION D'UN CENTRE NUMERIQUE COMMUNAUTAIRE MULTIFONCTION DANS LES COMMUNES DE NIKKI ET DE BEMBEREKE
rganisation	Bureau de la Coopération Suisse au Bénin
escription	MISSIONS DU CENTRE NUMERIQUE Les objectifs retenus pour le compte du centre numérique au regard des besoins des populations, sont formulés comme qu'il suit : - Assurer l'alphabétisation numérique de la population ; - Fournir des services de télécommunication à la population ; - Offrir des services vidéo et photo numérique à la population ; - Donner des services de photocopie et de reprographie à la population ; et - Faciliter l'accès de la population à Internet et aux médias. BENEFICIAIRES DU PROJET Il s'agit notamment : - des partenaires locaux des différents programmes de la Coopération Suisse notamment les animateurs des radios communautaires ; - des animateurs des différents programmes de la Coopération Suisse ; - des groupements et des associations de développement communal ; - des élèves et des enseignants ; - des populations lettrées et instruites à l'usage des TIC; et - des populations analphabètes en français et en TIC.

4-1- Détails du calendrier par tâches

NOM	DEBUT	FIN	AFFECTER
<u>Plaidoyer de mobilisation sociale et des ressources</u>	02/07/07	28/07/07	
Sensibilisation des associations de parents d'élèves	02/07/07	07/07/07	Animateur radio
Sensibilisation des groupements villageois	02/07/07	07/07/07	Animateur radio
Sensibilisation des administrations	02/07/07	07/07/07	Animateur radio
Sensibilisation des unités de projets	02/07/07	09/07/07	Animateur radio
Cotisation de la communauté	09/07/07	21/07/07	Président du CA, Comptable du CA
Appui budgétaire du Bureau de la Coopération Suisse	23/07/07	28/07/07	Responsable du PACOM
<u>Campagne de communication au profit du centre numérique</u>	02/07/07	11/08/07	
Information sur l'utilité du centre	02/07/07	11/08/07	Animateur radio, Consultant TIC
Analyse de la faveur ajoutée du centre pour les élèves	09/07/07	14/07/07	Animateur radio, Consultant TIC
Analyse de la faveur ajoutée du centre pour les enseignants	09/07/07	14/07/07	Animateur radio, Consultant TIC
Analyse de la faveur ajoutée du centre pour les groupements communautaires	09/07/07	14/07/07	Animateur radio, Consultant TIC
Analyse de la faveur ajoutée du centre pour les entreprises communautaires	09/07/07	14/07/07	Animateur radio, Consultant TIC
Analyse de la faveur ajoutée du centre pour les administrations et unités de projets	09/07/07	16/07/07	Animateur radio, Consultant TIC
<u>Acquisition et installation des équipements TIC</u>	16/07/07	15/09/07	

NOM	DEBUT	FIN	AFFECTER
Identification des caractéristiques techniques de chaque équipement	16/07/07	23/07/07	Consultant TIC
Rédaction du cahier des charges	23/07/07	06/08/07	Consultant TIC
Lancement des appels d'offre	06/08/07	13/08/07	Président du CA, Responsable du PACOM
Dépouillement des offres et notification des résultats aux soumissionnaires	13/08/07	20/08/07	Président du CA, Responsable du PACOM
Emission des bons de commande	20/08/07	27/08/07	Responsable du PACOM
Réception des équipements et notification de réception	27/08/07	01/09/07	Fournisseur des Produits, Président du CA, Responsable du PACOM
Installation des équipements	03/09/07	08/09/07	Fournisseur des Produits
Emission des attestations de services rendus	10/09/07	15/09/07	Responsable du PACOM
Connexion Internet et son installation	16/07/07	19/04/08	
Consensus sur le type de connexion à solliciter	16/07/07	21/07/07	Président du CA, Consultant TIC, Responsable du PACOM
Identification des potentiels FAI	23/07/07	28/07/07	Consultant TIC
Requête de sollicitation de proposition de service auprès des FAI identifiés	30/07/07	04/08/07	Président du CA
Choix du FAI le plus indiqué	06/08/07	11/08/07	Président du CA, Responsable du PACOM
Emission des bons de services demandés	13/08/07	18/08/07	Président du CA
Règlement des questions contractantes	20/08/07	01/09/07	Président du CA, Responsable du PACOM
Achat des équipements de connexion	03/09/07	15/09/07	Fournisseur d'Accès Internet
Paiement de la caution d'accès Internet	17/09/07	22/09/07	Président du CA, Comptable du CA

NOM	DEBUT	FIN	AFFECTER
Installation des équipements Internet	24/09/07	29/09/07	Fournisseur d'Accès Internet
Période de test des équipements	01/10/07	27/10/07	Président du CA, Spécialiste en Photocopie, Spécialiste TIC, Formateur en TIC, Responsable du PACOM
Notification de service rendu	29/10/07	03/11/07	Président du CA
Paiement des frais d'installation	05/11/07	10/11/07	Président du CA, Comptable du CA
Paiement des frais récurrents	05/11/07	19/04/08	Président du CA, Comptable du CA
Mise en place du personnel du centre numérique	27/08/07	19/04/08	
Rédaction du cahier des charges par poste à pouvoir	27/08/07	10/09/07	Président du CA, Consultant TIC, Responsable du PACOM
Identification et affectation des compétences existantes	10/09/07	17/09/07	Président du CA
Appel à recrutement	17/09/07	24/09/07	Président du CA
Publication des candidats retenus	24/09/07	01/10/07	Président du CA
Prise de service du personnel du centre	01/10/07	08/10/07	Président du CA, Spécialiste en Photocopie, Spécialiste TIC, Formateur en TIC, Responsable du PACOM
Paiement des charges salariales	08/10/07	19/04/08	Comptable du CA
Paiement des charges patronales	08/10/07	19/04/08	Comptable du CA
Formation du personnel	08/10/07	05/11/07	
Formation au leadership	08/10/07	15/10/07	Président du CA, Consultant formateur, Responsable du PACOM
Formation à la gestion de bien communautaire	15/10/07	22/10/07	Président du CA, Consultant formateur, Responsable du PACOM
Formation à l'usage des logiciels utilisés dans le centre	22/10/07	29/10/07	Président du CA, Consultant formateur, Responsable du PACOM

NOM	DEBUT	FIN	AFFECTER
Formation à l'encadrement de publics hétérogènes	29/10/07	05/11/07	Président du CA, Consultant formateur, Responsable du PACOM
Fonctionnement de l'unité reproduction	05/11/07	21/04/08	
Activités de photocopie	05/11/07	19/04/08	Spécialiste en Photocopie, chaise, table, appareil de photocopie, petite agrafeuse, agrafeuse géante
Activités de reliure	05/11/07	19/04/08	Spécialiste en Photocopie, appareil de reliure, chaise, table, petite agrafeuse, agrafeuse géante
Auto évaluation des activités	05/11/07	19/04/08	Président du CA, Comptable du CA, Spécialiste en Photocopie, Cahier suivi
Auto évaluation du personnel	05/11/07	19/04/08	Président du CA, Comptable du CA, Spécialiste en Photocopie, Cahier suivi
Fonctionnement de l'unité numérique	05/11/07	21/04/08	
Activités de photographie numérique	05/11/07	19/04/08	imprimante photo de haute fidélité, régulateur, Spécialiste TIC, appareil photo caméra numérique
Activités de reportage vidéo	05/11/07	19/04/08	graveur DVD externe, Spécialiste TIC, appareil photo caméra numérique
Activités d'actualité télévisuelle	05/11/07	19/04/08	télévision écran géant, régulateur, câbles vidéo, Spécialiste TIC
Activités de navigation	05/11/07	19/04/08	ordinateurs de table, régulateur, câbles RJ45, modem VSAT, onduleur, chaise, casques, switch de 24 ports, Spécialiste TIC, imprimante monocolore simple, rallonges électriques, serveur, table, Connexion

NOM	DEBUT	FIN	AFFECTER
			Internet VSAT, webcan
Activités de fourniture d'accès Internet	05/11/07	19/04/08	Connexion Internet VSAT, Spécialiste TIC, antenne d'émission Wifi, routeur d'onde WIFI
Auto évaluation des activités	05/11/07	19/04/08	Président du CA, Comptable du CA, Cahier suivi, Spécialiste TIC
Auto évaluation du personnel	05/11/07	21/04/08	Président du CA, Comptable du CA, Cahier suivi, Spécialiste TIC
Fonctionnement de l'unité micro informatique	05/11/07	21/04/08	
Activités de saisie et traitement de texte	05/11/07	19/04/08	ordinateurs de table, Formateur en TIC
Activités d'impression	05/11/07	19/04/08	imprimante multifonction (fax, scanne, imprimante, photocopie), Formateur en TIC
Activités de fax	05/11/07	19/04/08	imprimante multifonction (fax, scanne, imprimante, photocopie), ligne téléphonique, Formateur en TIC
Activités de téléphone fixe	05/11/07	19/04/08	ligne téléphonique, Formateur en TIC
Activités de formation en Informatique	05/11/07	19/04/08	ordinateurs de table, chaise, chevalier, table, Formateur en TIC
Auto évaluation des activités	05/11/07	19/04/08	Président du CA, Comptable du CA, Cahier suivi, Formateur en TIC
Auto évaluation du personnel	05/11/07	21/04/08	Président du CA, Comptable du CA, Cahier suivi, Formateur en TIC
Processus d'évaluation et fin du projet	21/04/08	07/06/08	
Evaluation du projet	21/04/08	03/05/08	Président du CA, Consultant TIC, Responsable du PACOM
Redéfinition éventuelle des objectifs du projet	05/05/08	10/05/08	Président du CA, Consultant TIC, Responsable du PACOM

NOM	DEBUT	FIN	AFFECTER
Evaluation de l'impact du projet	12/05/08	31/05/08	Président du CA, Consultant TIC, Responsable du PACOM
Eventuel transfert total du centre numérique au Conseil d'administration de la radio ou prorogation de la vie du projet	02/06/08	07/06/08	Bureau de la Coopération Suisse, Président du CA, Responsable du PACOM

Ce descriptif souvent très utile en gestion de projet permet de se référer à la liste des ressources impératives auxquelles d'autres pourront être ajoutées. Cependant, les ajouts de personnels ne doivent jamais occasionner la mise à disposition ou la recherche de ressources financières complémentaires pour la conduite efficiente des tâches du projet. Le contrôle de cette exigence est du ressort du Comité de suivi de la mise en œuvre du projet.

Ce Comité de suivi est l'organe central et décisionnel du projet. Il a pour objectif principal, de faciliter la mise en œuvre effective du projet. A cet effet, il veille au respect du calendrier des tâches, autorise sa révision en cas de besoin, met les ressources matérielles, financières et humaines à disposition et coordonne l'évaluation de la mise en œuvre du projet.

Il est composé des promoteurs du projet que sont :
- le Responsable du PACOM ;
- les représentants des différents partenaires financiers du projet ;
- les Présidents des Conseils d'Administration des deux radios.

Ce Comité est placé sous l'autorité du Responsable du PACOM. Il peut se réunir en cas de nécessité dans le cadre des activités courantes du PACOM. Les charges financières induites par les réunions du Comité du suivi de la mise ne œuvre du projet sont imputables au budget de fonctionnement du PACOM.

Le Comité de suivi est représenté au niveau de chacune des deux Communes par le Président du Conseil d'Administration de la Radio qui rend compte par écrit, de l'évolution effective du projet au PACOM.

4-2- Diagramme de gantt du projet

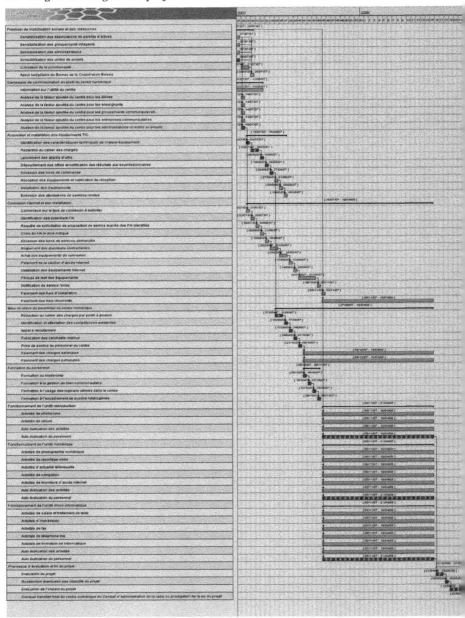

Les barres foncées désignent les activités critiques. Ce sont des activités à conduire impérativement dans les délais prescrits pour assurer l'atteinte des résultats du projet. C'est le cœur du projet.

4-3- Ressources utilisées dans le cadre du projet

Ressource	2007	2008
Animateur radio	■■■■■■	
Comptable du CA	■■ ■	■■■■■■■■■■■■■■■■■■■■■■■■■■■■■■■■■■■
Responsable du PACOM	■■ ■■■■■■ ■■■■■	■■■■■■
Président du CA	■■ ■■■■■■■■■■■■■■■■■■■■■■■■■■■■■	■■■■■■■■■■■■■■■■■
Bureau de la Coopération Suisse		■
Consultant TIC	■■■■■■ ■■	■■■■■■
Spécialiste TIC	■■■■	■■■■■■■■■■■■■■■■■■■■■■■■
Spécialiste en Photocopie	■■■■	■■■■■■■■■■■■■■■■■■■■■■■■
Formateur en TIC	■■■■	■■■■■■■■■■■■■■■■■■■■■■■■
appareil de photocopie		■■■■■■■■■■■■■■■■■■■■
agrafeuse géante		■■■■■■■■■■■■■■■■■■■■
petite agrafeuse		■■■■■■■■■■■■■■■■■■■■
appareil de reliure		■■■■■■■■■■■■■■■■■■■■
table		■■■■■■■■■■■■■■■■■■■■
chaise		■■■■■■■■■■■■■■■■■■■■
Cahier suivi		■■■■■■■■■■■■■■■■■■■■
régulateur		■■■■■■■■■■■■■■■■■■■■
appareil photo caméra numérique		■■■■■■■■■■■■■■■■■■■■
imprimante photo de haute fidélité		■■■■■■■■■■■■■■■■■■■■
graveur DVD externe		■■■■■■■■■■■■■■■■■■■■
télévision écran géant		■■■■■■■■■■■■■■■■■■■■
câbles vidéo		■■■■■■■■■■■■■■■■■■■■
modem VSAT		■■■■■■■■■■■■■■■■■■■■
Connexion internet VSAT		■■■■■■■■■■■■■■■■■■■■
switch de 24 ports		■■■■■■■■■■■■■■■■■■■■
câbles RJ45		■■■■■■■■■■■■■■■■■■■■
serveur		■■■■■■■■■■■■■■■■■■■■
imprimante monocolore simple		■■■■■■■■■■■■■■■■■■■■
ordinateurs de table		■■■■■■■■■■■■■■■■■■■■
onduleur		■■■■■■■■■■■■■■■■■■■■
casques		■■■■■■■■■■■■■■■■■■■■
webcam		■■■■■■■■■■■■■■■■■■■■
rallonges électriques		■■■■■■■■■■■■■■■■■■■■
routeur d'onde WIFI		■■■■■■■■■■■■■■■■■■■■
imprimante multifonction (fax, scanne, imprimante, photocopie)		■■■■■■■■■■■■■■■■■■■■
ligne téléphonique		■■■■■■■■■■■■■■■■■■■■
antenne d'émission Wifi		■■■■■■■■■■■■■■■■■■■■
Fournisseur des Produits	■■	
chevalier		■■■■■■■■■■■■■■■■■■■■■■■■
Fournisseur d'Accès Internet	■■ ■	
Consultant formateur	■■■■	

Le carré de couleur rouge indique que certaines ressources sont impliquées dans la réalisation de tâches diverses. A première vue, c'est un risque pour la conduite du projet, mais dans le cas d'espèce, c'est bien normal et cela est lié à la nature transversale de chacune des tâches du projet. En effet, plusieurs cibles sont souvent identifiées au titre d'une même activité déclinée en tâches. C'est ce qui crée la confusion et l'état l'alerte. Cependant, nous insistons sur la nécessité du respect des chronogrammes des tâches. L'affectation des ressources par tâche, n'est pas figée, elle est susceptible de modification sur avis motivé et consensuel des différentes parties impliquées dans la conduite du projet. Pour ce qui est des ressources humaines, nous suggérons le recours à des volontaires communautaires pour aider les compétences recrutées et faciliter un transfert de connaissances au profit de la population locale.

4-4- Processus de décaissement des ressources financières

Compte tenu des difficultés actuelles des populations à se prendre financièrement en charge, nous suggérons que le déploiement du projet se fasse en plusieurs phases pour envisager au besoin, le recouvrement de la contre partie de la communauté suivant les ressources nécessaires par phase du projet. En effet, les ressources nécessaires à la conduite séquentielle du projet sont :

Phase	Tâches concernées	Montants
1	Plaidoyer de mobilisation sociale et des ressources Campagne de communication au profit du centre numérique	2.090.000 Fcfa
2	Acquisition et installation des équipements Acquisition et installation de connexion Internet	27.909.630 Fcfa
3	Mise en place du personnel du centre numérique Formation du personnel	3.480.000 Fcfa
4	Fonctionnement de l'unité reproduction Fonctionnement de l'unité numérique Fonctionnement de l'unité micro informatique	3.430.000 Fcfa
5	Processus d'évaluation et fin du projet	6.200.000 Fcfa
TOTAL		43.109.630 Fcfa

Le coût global du projet par Commune est alourdis par trois (3) charges financières importantes que sont : le coût récurrent de la connexion Internet qui avoisine **3.400.000 Fcfa**, le coût de l'appareil photocopieur qui s'élève à **9.513.005 Fcfa** et le coût total de la consultance qui fait **13.500.000 Fcfa**.

Il est probable de se retrouver dans une période de latence lors du passage d'une phase à l'autre du projet. Nous signalons que cela peut engendrer des conséquences financières supplémentaires dues au rallongement de la durée de vie du projet.

4-5- Partenaires du projet

Nous notons l'existence de partenaires techniques et financiers.

4-5-1- Partenaire technique

Nous avons identifié une communauté d'universitaire qui se rend disponible pour accompagner la réalisation physique du projet. En effet, deux universitaires spécialisés en installation de réseau informatique se sont proposés pour effectuer la réalisation physique du réseau de la salle numérique qui permet un accès à Internet. Ils mettront en place le câblage physique du réseau.

4-5-2- Partenaires financiers

La Coopération Suisse est le commanditaire de l'étude de faisabilité du présent projet. Elle prend les dispositions pour fournir les ressources nécessaires à la réalisation effective du projet.

Néanmoins, nous suggérons une diversification des sources de financement afin d'accélérer la réalisation effective du projet. Nous pensons à l'éventualité d'un appui en équipements informatiques de la part de la Haute Autorité de l'Audiovisuel et de la Communication (HAAC), dans le cadre de l'appui de l'Etat à la presse. Nous projetons aussi qu'il y ait une correspondance à l'adresse de l'Organisation des Nations Unies pour l'Education, la Science et la Culture (UNESCO) pour solliciter d'elle, la prise en charge des frais d'accès à l'Internet au profit des élèves et enseignants des communes de Nikki et Bembérékè. Cette prise en charge devrait être convertie en acquisition et installation d'équipements de connexion

Internet haut débit par VSAT.

En effet, La vision de l'UNESCO est de construire la paix dans l'esprit des hommes grâce à l'éducation, la science, la culture et la communication. Telle que définie sur le site web www.unesco.org, cette vision est «une démarche volontaire qui repose sur le respect de la différence et le dialogue. L'UNESCO veut être l'artisan de ce dialogue et promeut la collaboration entre les peuples, accompagnant les États sur le chemin du développement durable qui, au-delà du seul progrès matériel, doit répondre à toutes les aspirations humaines sans entamer le patrimoine des générations futures, et sur celui de l'établissement d'une culture de paix fondée sur les droits de l'homme et la démocratie.»[8] L'idée maîtresse des Centres numériques communautaires (CNC) s'inspire de cette large vision. Instruments de meilleure communication, ces centres peuvent contribuer à promouvoir la paix et le dialogue, préserver le patrimoine culturel et accompagner le développement durable. En effet, au sein des CNC s'opère la liaison des technologies d'informations et de communication avec les radios locales pour créer et diffuser des informations adaptées aux besoins de la communauté parce qu'elles sont produites par elle. En mettant les communautés au centre du processus, à la fois créatrices et réceptrices de ces informations, l'appropriation de l'outil est donc assurée et donne suite au développement de contenu local impulsant la créativité, le dialogue, le dynamisme et la confiance.

4-6- Mécanisme de suivi évaluation

Il concerne l'organisation institutionnelle et les outils d'évaluation de la vie du centre.

4-6-1- Mise en place du cadre institutionnel

Le cadre institutionnel est marqué par la présence de deux autorités. Une autorité décisionnelle et une structure d'exécution opérationnelle.

L'autorité décisionnelle, c'est le conseil d'administration du centre numérique qui est aussi le conseil d'administration de la radio communautaire. C'est le président de cet organe qui est l'ordonnateur du budget et des dépenses des activités et actions du centre numérique. Le

---

[8] http://portal.unesco.org/ci/en/files/17567/11012245743passage_grande_echelle_senegal.pdf/passage_grande_ec

président du conseil d'administration peut déléguer le comptable du conseil d'administration pour le recouvrement des ressources du centre numérique ainsi que le règlement d'éventuelles charges dudit centre. Aucune charge n'est autorisée pour le compte du centre numérique sans l'avis motivé favorable du président du conseil d'administration.

La structure d'exécution du centre numérique est placée sous la responsabilité du responsable de l'unité la plus compétitive dudit centre. Il est nommé dans cette fonction par le président du conseil d'administration à qui il rend mensuellement compte de toutes les activités du centre. Il est autorisé à recouvrer les ressources journalières du centre numérique auprès des différentes unités dudit centre. Il transmet quotidiennement lesdites ressources au comptable du conseil d'administration du centre numérique. Les comptes sont consignés dans un cahier mis à disposition à cet effet.

4-6-2- Indicateurs de suivi évaluation des activités du centre

Un cahier de suivi quotidien de chaque unité du centre numérique sera mis à disposition. Il comportera les rubriques suivantes : identité de l'agent, date du jour, heure d'arrivée, activités réalisées, nombre de clients servis, recette réalisée, besoin nouveau sollicité par la clientèle, observation générale, heure de départ et émargement.

Hebdomadairement, il sera soumis aux clients visitant le centre en fin de semaine, un cahier d'évaluation du personnel et des services rendus. Ce cahier devrait être tracé suivant les rubriques ci-après : date du jour, identité du client, services couramment demandés, degré de satisfaction pour les services obtenus, observation sur la qualité de l'accueil, appréciation de la disponibilité des agents, remarques particulières sur certains agents, services inexistant sollicités, disponibilités à accompagner le centre, observations générales, émargement.

Enfin, mensuellement, le président du conseil d'administration consignera dans un cahier son appréciation du rendement de chaque agent. Le cahier sera rempli selon les rubriques suivantes : date du jour, Nom et Prénoms du Président, Nom et Prénoms de l'agent, poste occupé, régularité, compétences reconnus, insatisfactions données, remarques particulières, note sur 20, émargement.

V- TABLEAU SYNTHETIQUE DE L'ETUDE

	Généralité	Spécificité
Problèmes à résoudre	Difficile accès à l'information à bonne date	Difficile d'accès à l'information nationale et internationale
		Difficile d'accès aux services TIC
Objectifs visés	Réduire les facteurs handicapant l'accès à l'information	Permettre l'accès à l'information crédible en temps réel
		Favoriser l'accès aux services TIC à coûts réduits
Causes	Rareté des services TIC	Inexistence de l'Internet haut débit
		Coût élevé d'accès aux services TIC
Solutions	Mise en place de points d'accès à l'information en temps réel	Mise en ligne d'un site web dynamique
		Mise en place de centres numériques communautaires multifonctions

CONCLUSION

A la lumière des résultats de l'étude, quelques suggestions méritent d'être faites.

❖ Pour le développement durable à la base

Il importe :
- de veiller à ce que le centre numérique ait effectivement mission de service public ;
- de veiller à un usage judicieux des équipements locaux d'accès à l'information ;
- d'encourager l'usage des logiciels libres par l'organisation de séances périodiques de formations et de recyclages des populations à la base ;
- de faire usage des équipements informatiques inter opérables et standardisés.

❖ Pour le renforcement des capacités humaines locales

Il est opportun :
- d'assurer la sensibilisation et la formation des utilisateurs notamment les élèves et les enseignants ;
- d'organiser des plaidoyers en direction des parents d'élèves afin qu'ils facilitent l'accès de leurs enfants à Internet en vue d'améliorer les rendements scolaires dans la commune.

❖ Pour améliorer l'image de la radio locale

Il faut :
- faire des plaidoyers en direction des décideurs pour que le centre numérique soit exempté de payement d'impôt ;
- solliciter des subventions auprès de l'administration locale, régionale et centrale ;
- former les animateurs de la radio à un usage professionnel de l'outil Internet ;
- veiller à la diffusion diligente des informations locales, nationales et internationales aux auditeurs ;
- assurer la mise à jour régulière d'informations sur le site web www.nikki-bembereke.org .

En somme, l'information est devenue un facteur économique, politique et culturel essentiel et il est de plus en plus admis par plusieurs experts mondiaux des TIC que son contrôle est devenu un enjeu de pouvoir aussi bien à l'échelle locale, qu'au niveau mondial. Ainsi, de nos jours, on mesure l'importance que requiert la collecte, l'organisation, le traitement et la diffusion des informations. Dans des sociétés de plus en plus fondées sur le savoir, l'accès à l'information est une exigence si on ne veut pas renforcer les inégalités et les injustices socio-économiques et culturelles qui font le lit des conflits et des violences de toutes sortes au sein des communautés.

C'est en cela que le projet de conception de centre numérique communautaire multifonction dans les communes de Nikki et de Bembérékè est une initiative communautaire salutaire. Cette initiative est fortement soutenue par le Programme d'Appui à la Communication du Bureau de la Coopération Suisse au Bénin. C'est un projet qui vise à atténuer les discriminations d'accès à l'information au sein des populations et à lutter contre la pauvreté. Il ambitionne de mettre en place, des conditions favorables à une alphabétisation numérique et un accès permanent de toute la communauté à la toile mondiale. Les autorités locales gagneraient à accompagner ce projet qui prépare et facilite l'entrée des communautés dans la société de l'information et, partant dans le cercle de la globalisation et de la mondialisation.

Par ailleurs, la combinaison de la radio communautaire (une radio de proximité fondée sur les processus de communication endogène et sur les langues locales) et de l'Internet avec ses services connexes, permet de lever nombre de contraintes jusque là évoquées pour justifier la mise à l'écart des communautés de base de la société de l'information. Elle permet aussi de repenser les politiques de communication sociale à l'avènement de Internet. Les CNC se posent alors comme des moyens pouvant jouer un rôle capital dans le renforcement des capacités du capital humain local. Il s'en suivra, un parfait contrôle des ressources disponibles, de l'exploitation qui en est afin de satisfaire les besoins vitaux de base à savoir, se nourrir, se loger, se soigner, s'éduquer et mener une existence digne et épanouie dans une société de pluralisme, de tolérance et de paix.

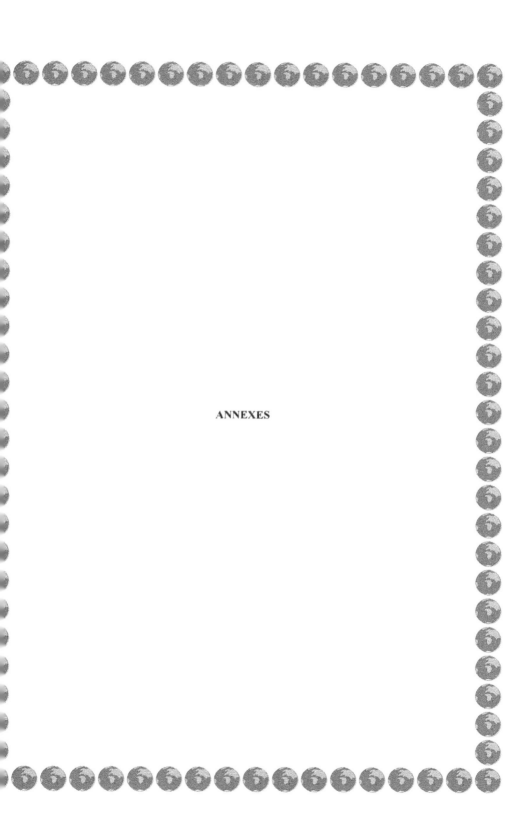

ANNEXES

ANNEXE -1- QUESTIONNAIRES ET GUIDES D'ENTRETIEN

1- Questionnaire : pour les agents de la radio communautaire

FICHE 1 : Evaluation des connaissances en informatique et des besoins en formation et logiciels

- Identification

- Qui êtes-vous ? homme :☐   femme:☐   Tranche d'âge:]- 25 ans] ☐   [26- 45]☐   [46 et +]☐

- Que savez-vous faire ? Compétences : formation en informatique ☐   maintenance informatique ☐   maintenance réseau ☐   bureautique ☐   navigation ☐   recherche sur Internet ☐   accompagnement informatique ☐   appui conseil ☐   aucune compétence ☐   reprographie ☐   photographie ☐   traitement de son ☐   traitement d'image ☐   usage de caméra ☐

- Quelle est votre activité quotidienne ? Actions, usages, fréquence :...........................

- Etes-vous satisfait ? Satisfaction, suggestions :..

- Niveau de connaissances en informatique

	Faible	Moyen	Elevé
Notions de base en informatique			
Traitement de textes			
Tableur			
Multimédia			
Autre 1 (à préciser).......................			
Autre 2 (à préciser).......................			

- Besoins en formation

	Initiation	Confirmation	Evolué
Notions de base en informatique			
Traitement de textes			
Tableur			
Multimédia			
Autre 1 (à préciser)........			

- Besoins en logiciels (Donner les noms des logiciels ou préciser les fonctionnalités du produit souhaité)...

- Disposez-vous d'un micro-ordinateur ?   Oui ☐   Non ☐

Préciser le type (1 = 386; 2 = 486; 3 = Pentium ; 4 =Pentium2 ; 5 = Pentium3 ; 6=Pentium4)

b

FICHE 2 : Recensement de l'équipement informatique

Désignation des équipements : Micro-ordinateur, onduleur, imprimante, caméra, appareil photo, autre (préciser)	Génération ou Type	Capacité mémoire	Etat Mettre (F) si en fonction (P) si en panne	Matériel connecté au Réseau O = Oui N = Non	Equipement utilisé par d'autres agents O = Oui N = Non

FICHE 3 : Inventaire des licences de logiciels et d'applications informatiques

Localisation

- Bureau   : ....

Logiciel ou application	Date d'acquisition	N° de licence	Date d'expiration (Eventuellement)

Joindre la photocopie des licences

FICHE 4 : Etude de l'existant en réseaux

- Identification

- Bureau   : ....

- Disposez – vous d'un réseau dans votre bureau ? Oui ☐   Non ☐

Si oui, préciser le type ☐   1 = Bus Ethernet, 2 = Réseau étoilée 10 base T

- Liste des équipements réseaux

Switch		Hub		Routeur	
Type	Nombre de ports	Type	Nombre de ports	Type	Nombre d'interfaces Ethernet

Nombre d'ordinateurs connectés	
Nombre d'ordinateurs non connectés	
Nombre de connections internet par RTC	
Montant mensuel de la facture internet	
Nom du fournisseur d'accès internet	

- Dimensions approximatives de votre bâtiment

Longueur (en m) :

Largeur (en m) :

Nombre d'étages) :

FICHE 5 : Identification du personnel

- Fonction de l'agent   :

- Age de l'agent   :

- Niveau de formation

Niveau d'études	Domaine	Diplôme	Pays	Année
Inférieur au bac				
Baccalauréat				
Baccalauréat + 2 ans				
Baccalauréat + 3 ans				
Baccalauréat + 5 ans				
Autre......................				
Autre......................				

- Séminaires et stages

Description	Année	Durée	Pays

- Avez-vous la possibilité technique de faire usage d'une caméra vidéo et photo ?

....

....

- Si vous étiez identifiés pour travailler dans le projet, quels services pouvez-vous offrir à votre clientèle ?

....

....

<u>**Vos observations et suggestions pour le projet :**</u>

....

....

2- Questionnaire grand publique

Bonjour,

Dans le cadre de l'amélioration des conditions de vie des populations de Nikki et de Bembéréké, la Coopération Suisse appui la conception d'un centre numérique communautaire multifonction dans chacune de ces communes. A cet effet, nous réalisons ce questionnaire afin de mieux répondre à vos attentes.

Le projet vise à :

- permettre aux animateurs des radios communautaires de disposer d'un outil d'information (Internet, radio et télé numériques) ;

- mettre des outils pédagogiques (bibliothèque physique et base de données numériques) à la disposition des groupements communautaires et des différents programmes de la Coopération Suisse ;

- offrir aux communautés rurales, un centre de reportage vidéo et photo numérique pour leurs activités de commémorations et de réjouissances ;

- mettre à la disposition de la population, un centre d'actualité équipé d'un poste téléviseur et radio ;

- sensibiliser les communautés organisées sur les bonnes pratiques en matière de santé de la reproduction, d'hygiène, de paysannerie et de développement communautaire grâce à des projections de films sur écran géant ;

- permettre aux populations lettrées notamment les élèves et les enseignants de s'informer et de communiquer grâce à l'outil Internet.

Nous vous remercions d'avance pour votre participation qui sera très utile.

Fréquentez-vous un centre numérique ?:	
Souvent	
Occasionnellement	
Rarement	
Jamais	
Combien de centre numérique avez-vous déjà fréquentés?	
un seul	
entre 2 et 4	

plus de 4	
Vous allez dans le centre numérique:	
le plus proche de chez vous (ou de votre lieu d'études ou de travail)	
le plus convivial	
le moins cher	
qui propose le maximum de services	
Vers quelle heure vous rendez-vous dans un centre numérique?	
Avant 10h00	
Entre 10h00 et 12h00	
Entre 12h00 et 14h00	
Entre 14h00 et 19h00	
Entre 19h00 et 22h00	
Après 22h00	
Comment avez-vous connu le centre numérique que vous fréquentez habituellement?	
Par affiche publicitaire	
De bouche à oreille	
Par hasard en passant devant	
En cherchant dans l'annuaire	
Autre (précisez):	
Pour quelle(s) raison(s) fréquentez-vous un centre numérique ?	
Uniquement pour utiliser Internet	
Pour la bureautique	
Pour l'infographie (réalisation de produits audiovisuels)	
Pour enregistrer les données sur CD et disquette	
Pour faire des impressions et des photocopies	
Pour scanner des photos et des documents	
Pour suivre des projections de films vidéo	
Pour lire des documents	
Pour se faire former à la micro-informatique	
Pour se faire former aux techniques de navigation et de recherche d'information	

Pour suivre l'actualité (info radio ou télé)	
Parmi les sites Internet suivants, quels sont ceux que vous utilisez le plus souvent pour chercher des informations et envoyer des mails?	
Yahoo.fr	
voila.fr	
caramail.com	
Google.fr	
Altavista.com	
hotmail.com	
autre (précisez):	
Classez de 1 à 8 les usages que vous faites d'Internet dans un centre numérique:	
(1 étant le service le plus utilisé)	
Mail-messagerie	
Achats en ligne	
Recherche d'informations	
Télé numérique	
Radio numérique	
Dialogue en direct	
Visioconférence	
Téléchargements de données (musique, logiciels, etc.)	
Combien d'heures de connexion estimez-vous utiliser par mois dans un centre numérique?	
Moins de 5 heures	
Entre 5 et 10 heures	
Entre 10 et 20 heures	
Plus de 20 heures	
Avez-vous déjà pris un abonnement dans un centre numérique ?	
Oui	
Non	
Si oui, combien en avez-vous pris?	
Une par mois	

De 2 à 3 par semestre	
De 4 à 6 par an	
Moins de 4 par an	
Autre:	

Quelle est la formule d'abonnement qui vous semble être la plus avantageuse dans un centre numérique?

5 heures de connexion	
10 heures de connexion (heure moins chère)	
20 heures de connexion (heure moins chère)	

Au premier abord, quel est le tarif qui vous semble être le plus raisonnable dans un centre numérique?

150 FCFA les 30 minutes	
250 FCFA l'heure	
450 FCFA les 02 heures	
600 FCFA les 03 heures	
2000 FCFA les 10 heures	
4000 FCFA les 25 heures	

Quel est le système de tarif de connexion qui vous semble être le plus intéressant dans un centre numérique?

A la minute	
A l'heure	
A multi heure	

Avez-vous déjà scanné des photos dans un centre numérique?

Oui	
Non	

Combien de scans estimez-vous effectuer par mois dans un centre numérique ?

Aucun	
De 1 à 3	
De 4 à 9	
Plus de 10	

Avez-vous déjà enregistré des données sur disquette dans un centre numérique ?

Oui	

Non	
Combien de disquettes estimez-vous utiliser par mois dans un centre numérique ?	
Aucune	
De 3 à 7	
De 8 à 15	
Plus de 15	
Avez-vous déjà enregistré des données sur CD dans un centre numérique ?	
Oui	
Non	
Combien de CD estimez-vous utiliser par mois dans un centre numérique ?	
Aucun	
De 3 à 5	
De 6 à 10	
Plus de 10	
Est-ce qu'un service de téléphonie dans un cybercafé vous semble être utile?	
Oui	
Non	
Si oui, à combien de temps estimeriez-vous le temps d'utilisation par mois?	
Inférieur à 5 minutes	
De 5 à 10 minutes	
Plus de 10 minutes	
Est-ce qu'un service de télécopie dans un centre numérique vous semble être intéressant?	
Oui	
Non	
Si oui, combien de fax estimeriez-vous passer par mois dans un centre numérique ?	
Moins de 5	
De 5 à 10	
Plus de 10	
Dans un centre numérique, avez-vous souvent besoin d'imprimer vos résultats de recherche ou la saisie de vos textes et images?	

Oui	
Non	
Si oui, combien d'impressions pourriez-vous faire par mois ?	
Moins de 5	
De 5 à 15	
De 15 à 25	
Plus de 25	
A combien envisagez-vous l'impression par page?	
50 FCFA la page sans couleur	
125 FCFA les 3 pages sans couleur	
200 FCFA les 5 pages sans couleur	
Si un service de reprographie et de reliure vous était proposé dans un centre numérique, combien de photocopies feriez-vous par mois?	
Moins de 5	
De 5 à 15	
De 15 à 30	
De 30 à 60	
Plus de 60	
Si un service de musique assistée par ordinateur vous était propsé dans un centre numérique, le considèreriez-vous comme:	
Innovant	
Moyennement intéressant	
Non intéressant	
Vous ne connaissez pas la Musique Assistée par Ordinateur	
Si un service d'infographie et de photo numérique vous était proposé dans un centre numérique, le considèreriez-vous comme:	
Innovant	
Moyennement intéressant	
Non intéressant	
Vous ne connaissez pas les photos numériques et les CD-Vidéo	
Combien êtes-vous disposés à payer pour un CD Vidéo et une photo :	

250Fcfa la photo	
entre 300Fcfa et 500Fcfa la photo	
15000Fcfa le CD Vidéo	
25000Fcfa le CD Vidéo	
entre 25000Fcfa et 40000Fcfa pour un album photo + un CD Vidéo	
entre 40000Fcfa et 60000Fcfa pour un album photo + un CD Vidéo	
Avez-vous déjà suivi une formation dans un centre numérique ?	
Oui	
Non	
Si oui, était-ce une formation sur :	
La bureautique	
Une initiation à Internet	
Une conception web	
La photographie numérique	
L'infographie	
Qu'est-ce que vous savez faire en informatique?	
Saisie simple	
Saisie et traitement de texte	
Mail- messagerie	
Enregistrer une donnée	
Imprimer une donnée	
Usage d'un copieux	
Chat	
Ecouter la radio	
Recherche sur Internet	
Faire des jeux	
Suivre la télé numérique	
Combien êtes-vous prêt(e) à investir dans une formation mensuelle (séance de 2 heures/jour)?	
2000 FCFA	
Entre 3000 et 5000 FCFA	
Entre 5000 et 10000 FCFA	

1

Selon vous, la façon la plus efficace de s'initier aux logiciels et à Internet est de :	
suivre une formation individuelle	
suivre une formation collective	
s'auto -former avec des livres spécialisés	
Au delà d'une certaine consommation, préférez-vous que votre centre numérique vous offre :	
des minutes de connexion gratuites	
des impressions gratuites	
des cadeaux surprises	
Selon vous, les améliorations de l'état d'un centre numérique doivent porter sur:	
Les horaires (24/24)	
La qualité de l'animation/convivialité	
Les prix de navigation	
L'offre en infographie et photo numérique	
Les services périphériques (scanner, CD, impression, etc.)	
Les services de reprographie	
Le suivi personnalisé des clients	
L'ajout de nouveaux services	
La ventilation du local	
L'embellissement du cadre	
Le renouvellement périodique des ordinateurs du centre numérique	
Le renouvellement périodique des animateurs du centre numérique	
Quel est votre sexe?	
Féminin	
Masculin	
Quel est votre âge?	
moins de 25 ans	
entre 25 et 34 ans	
entre 35 et 44 ans	
entre 45 et 54 ans	
55 ans ou plus	
Quelle est votre catégorie socioprofessionnelle?	

Agriculteur	
Artisan	
Commerçant	
chef d'entreprise	
profession libérale	
cadre ou profession intellectuelle supérieure	
Employé	
Ouvrier	
Retraité	
demandeur d'emploi	
Etudiant, lycéen	
Autres	
Quelle est votre adresse email?	
Autorisez-vous l'équipe de cette étude à vous re-contacter pour la prochaine étude?	
Oui	
Non	

3- Entretien : avec les responsables des centres multimédias témoins

- pouvez-vous nous parler un peu de vos moments de gloire ?
- quels ont été vos regrets et erreurs ?
- comment les aurez-vous surmontés ?
- comment assurez-vous la pérennité des actions de votre centre ?
- quels conseils donnerez-vous à un nouveau promoteur dans le secteur du multimédia ?

4- Entretien : avec les responsable de programmes de la Coopération Suisse

- que pensez-vous de l'idée d'avoir un centre numérique à Nikki et à Bembéréké?
- qu'attendez-vous de ce centre ?
- comment pensez-vous rendre effectif l'accès des populations pauvres au centre ?
- comment pensez-vous assurer la pérennité du fonctionnement et des acquis du centre ?

ANNEXE -2- ELEMENTS DE LA LETTRE DE MISSION

CONTEXTE

Dans le cadre de la mise en œuvre des activités du Programme d'Appui à la Communication (PACOM) et en vue de capitaliser les acquis de l'atelier international sur les Télécentres en Afrique, le Bureau de Coopération de l'Ambassade de Suisse au Bénin mandate Monsieur **AMESSINOU Kossi**, Cadre contractuel du Ministère du Développement, de l'Economie et des Finances (MDEF), à conduire et mettre en pratique, un projet professionnel intitulé « Conception d'un centre numérique communautaire multifonction dans les Communes de Nikki et de Bembéréké». Cette activité servira d'input à la rédaction du mémoire de fin de formation en **Master professionnel mention Sciences de l'Information et de la Communication, spécialité « Conception et Gestion de Projets Numériques Territoriaux » (M2CGPNT)**. Cette application professionnelle serait conduite sans compromettre son rendement professionnel au MDEF.

L'esprit de cette lettre de mission est de créer tout au long de l'exécution de ce projet professionnel, un climat de respect des clauses, de soutien et de compréhension mutuelle tout en gardant les spécificités et les procédures propres à chaque partie impliquée dans l'accomplissement de la mission.

NATURE DU PROJET

Il s'agit de la : « Conception d'un centre numérique communautaire multifonction dans les Communes de Nikki et de Bembéréké ».

OBJECTIFS DE LA MISSION

La mission vise à trouver des voies et moyens pour concevoir un centre numérique communautaire multifonction dans les Communes de Nikki et de Bembéréké.

RESULTATS ATTENDUS DE LA MISSION

A la fin de la mission, le Programme d'appui à la Communication disposera du document de conception d'un centre numérique communautaire multifonction dans les Communes de Nikki et de Bembéréké. Ce document servira de guide de réalisation opérationnel du projet.

Pour le BuCo et p.o R/ PACOM

Omar MAMADOU

ANNEXE -3- BIBLIOGRAPHIE

1. Alexandra DANS, *Réseaux sans fil dans les pays en développement*, Edition en français, Limehouse Book Sprint Team, Novembre 2006, 272p

2. Cheikh ANTA DIOP, "Au commencement est l'énergie, tout le reste en découle", *in Les fondements économiques et culturels d'un État fédéral d'Afrique Noire,* Présence Africaine, 1974, p.7

3. Florence ETTA et Sheila PARVYN-WAMAHIU, *Technologies de l'information et de la communication pour le développement en Afrique : volume 2- L'expérience des télécentres communautaires,* CODESRIA/CRDI 2005, ISBN 1-55250-007-1, 236 p. http://www.idrc.ca/fr/ev-56545-201-1-DO_TOPIC.html

4. http://fr.wikipedia.org/wiki/Fibre_optique

5. http://portal.unesco.org/ci/en/files/17567/11012245743passage_grande_echelle_senegal.pdf/passage_grande_echelle_senegal.pdf

6. http://www.benintelecoms.bj/apropo/index.html

7. http://www.vd.ch/fr/typo3-et-le-canton-de-vaud/le-canton-et-loss/index.html.

8. Jacques PERCEBOIS, "L'énergie solaire, perspectives économiques", *Energie et Société,* Ed. du CNRS, 1975.